WINDJAMMER

Die schönsten Großsegler der Welt

Herbert H. Böhm
und Eigel Wiese

© Karl Müller, ein Imprint der Verlag Karl Müller GmbH, Köln 2004
www.karl-mueller-verlag.de

Produktion: INTERPILL MEDIA GMBH, Hamburg
(www.interpillmedia.com)
Koordination: Gerd Grohbrüg
Autoren: Herbert H. Böhm und Pressebüro Navigare Eigel Wiese,
beide in Hamburg

Satz und Layout: Günter Hagedorn, freestyle computer, Hamburg

Alle Rechte vorbehalten.
Kein Teil dieses Werkes darf ohne schriftliche Einwilligung des Verlages
in irgendeiner Form (Fotokopie, Mikrofilm oder ein anderes Verfahren)
reproduziert oder unter Verwendung elektronischer Systeme verarbeitet,
vervielfältigt oder verbreitet werden.

Druck und Bindung:
Neografia AG Martin
Printed in Slovakia

ISBN: 3-89893-301-6

Vorwort	6
Mit der Sedov auf Regatta-Kurs	8
Parade der Windjammer – Teil 1 (A–J)	28
Gorch Fock – Botschafterin Deutschlands auf allen Weltmeeren	84
Das Ende einer Epoche – Abschied der Cap Horniers	104
Taufe am Äquator – wenn Neptun an Bord Hof hält	106
Klipper-Rennen und der große Goldrausch	108
Immer die Nase im Wind – Galionsfiguren	110
Parade der Windjammer – Teil 2 (J–Z)	112
Kampf um Kap Horn	168
Ende der traditionellen Segelschifffahrt um 1900	178
Die Renaissance der Segelschiffe	180
Neues Leben für alte Schiffe	182
Jugend unter Segeln	184
Luxus pur auf Passagierseglern	190
Harte Schule für Offiziere und Kadetten	200
Die Konstrukteure und ihre Projekte	204
Die See ist unsere Brücke – die Sail Training Association	208
Fast wie das Original – Repliken	212
Segelschiffe zum Anfassen – Erlebnis pur	216
Lebendige Museumshäfen im Norden	218
Dhau-Regatta – ein Sportereignis nur unter Männern	220
Yacht, Schoner, Bark … Segelschiffe im Überblick	234
Heuerbaas – kleines Lexikon der Seemannssprache	236
Schiff ahoi! Adressen zum Mitsegeln	238
Fotonachweis	240

Gemeinsam zupacken –
Teamwork
als Leitmotiv auf hoher See

Ausbildung auf Großseglern (die ihren Höhepunkt zu Beginn des 20. Jh. fand) im Zeitalter der Mondlandung! Ein Anachronismus? Weit gefehlt! Und die Gründe dafür sind heute bedeutend vielgestaltiger als einst, denn ein Segelschiff, richtig geführt, ist ein stark motivierendes, die Persönlichkeit formendes, äußerst zeitgemäßes Fortbildungsmittel.

Lange Stehzeiten auf See prägen dabei den aus der konsumorientierten Wohlstandsgesellschaft kommenden Individualisten auf idealste Weise. Hier, auf engstem Raum, wo die Selbstbeherrschung – oft durch Seekrankheit erschwert – ohnehin stärksten Belastungen ausgesetzt ist, lernt er Toleranz, Kameradschaft und Verantwortungsbewusstsein kennen. An Bord fehlt dabei die anderswo so viel Sicherheit suggerierende Glasscheibe zwischen dem Element und dem Menschen, und gemeinsame Arbeit an Deck und in der Takelage bei Seegang und unterschiedlichstem Wetter erzieht zu Ausdauer und Durchhaltevermögen; wobei die „Härtetage" mit schwerem Wetter nicht durch einen Dienstplan, sondern vom Wettergott gemacht werden und als Kernstück wirksamster Motivation Vorgesetzte wie Untergebene in gleichem Maße treffen.

Das deutlich werdende, dominierende Leitmotiv jeder Segelschiffsbesatzung ist dann die baldige Erkenntnis, dass an Deck wie in der Takelage alleine meist gar nichts geht. Das gemeinsame Zupacken aber bringt den Erfolg und führt vom Erfassen des Teamworkgedankens in seiner Notwendigkeit für die Praxis zum Erkennen der Werte einer späteren Teamarbeit auch in theoretischen Dingen. Inmitten dieser rauen Praxis lernen junge Menschen unterschiedlichster sozialer Herkunft im engsten räumlichen Kontakt auch bisher vielfach unvermutete Werte ihrer Mitmenschen kennen und stellen oft verwundert fest, dass mancher aus einer ganz anderen Gesellschaftsschicht ein verlässlicherer Kamerad ist als viele seiner bisherigen Freunde.

Aber die großen Segelschiffe sind nicht nur seemännische Ausbildungsstätten, sondern erfüllen vielfach auch wichtige Repräsentationsaufgaben. Sie besuchen fremde Länder, und ihre Besatzungen sind dort Botschafter ihres Landes, die meist große Beachtung finden. Diese internationalen Begegnungen aber sind auch unschätzbare Beiträge zur Völkerverständigung, denn hierbei sprechen die Angehörigen unterschiedlichster politischer, religiöser oder gesellschaftlicher Richtungen stets sehr schnell „die gleiche Sprache"!

Windjammer verkörpern heute auch, aber längst nicht mehr nur – als erhaltenswerte Denkmäler – Nostalgie, sie sind inzwischen vor allem verbindende Brücke zwischen den Nationen geworden.

Hans Freiherr von Stackelberg

Kpt. z.S. a.D. und Kmdt.
S.S.S. „Gorch Fock"
von 1972 bis 1978

Mit der *Sedov* auf Regatta-Kurs

„Parassnje awrall, parassnje awrall – all hands on deck!" quäkt ein Lautsprecher kaum verständlich in das Dunkel der 8-Mann-Kammer. Wir müssen raus. Es hilft nichts. Das durchdringende Rasseln der Alarmglocke scheucht auch den Letzten bzw. die Letzte aus der warmen Koje. Wir, das sind 50 Deutsche, Österreicher und Schweizer (inkl. acht Damen), die auf der „Sedov" angeheuert haben, um für harte Devisen die harte Arbeit der Segelschiffsbesatzungen früherer Zeiten auf dem größten Segelschulschiff der Welt zu erleben.

Sascha, einer der russischen Kadetten unserer Wache, vermag so viel Verrücktheit nur kopfschüttelnd zu kommentieren: „Die Deutschen, die spinnen alle! Wir drücken uns, und die zahlen noch dafür, dass sie arbeiten dürfen." Für ihn, der neben seinen vier Stunden Wache noch Seemannschaft lernen soll, „Hausaufgaben" in Navigation, Motorenkunde und Meteorologie hat und Flaggensignale pauken muss, ist das alles wirklich schwer zu verstehen. Er ist, wie die meisten seiner Kameraden, von der Höheren Schifffahrtsakademie in Murmansk am Ende des fünften Ausbildungsjahrs an Bord gekommen, um für die Abschlussprüfung den letzten Schliff zu erhalten.

Für uns ist es, trotz diverser Unbequemlichkeiten, ein herrliches Abenteuer und Herausforderung. Sogar jetzt, morgens um zwei Uhr, reißen wir mit verbissenem Eifer an den richtigen (!) Brassen, Gordingen und Geitauen, um „unser" Schiff möglichst schnell zu wenden und um unseren neuen Freunden zu zeigen, dass wir nicht nur verbissene Schreibtischtäter sind.

Viele waren es noch nicht, die vor uns an Bord waren und denen auf einem der letzten echten Windjammer Seebeine wuchsen. Im Oktober 1990 starteten die ersten kleinen Gruppen von Travemünde aus. Um die daraufhin einsetzende enorme Nachfrage wenigstens einigermaßen zu befriedigen, entschlossen sich Kapitän und Eigner, das Kontingent auf 50 Teilnehmer-Trainees aufzustocken. Leider – muss man sagen – geht dadurch ein Teil der Kontakte mit der sowjetischen Crew verloren.

Unser Törn begann wenig verheißungsvoll Anfang Juli im südenglischen Plymouth. Gleich zu Beginn erhielten wir, die wir alle recht unkoordiniert einzeln angereist waren, unsere ersten Lektionen in Bezug auf Segelschiffe und Trainee-Schicksal. Das Erste, was wir lernen mussten: Segelschiffe sind keine Kreuzfahrtdampfer. Wegen Weststurms hatte die „Sedov" mehr als einen Tag Verspätung! Wo und wie wir die Nacht verbrachten, war unsere Sache. Es waren auch keine weißen Barkassen mit uniformierten dienstbaren Geistern, die uns am nächsten Tag bei strömendem Regen zu dem auf Reede liegenden Segelriesen brach-

Wer zählt die Taue, kennt die Namen: stehendes Gut, laufendes Gut, Marssegel, Oberbramsegel – es dauert geraume Zeit bis man begreift, dass dieses scheinbare Durcheinander perfekt funktioniert, Höhepunkt einer Jahrhunderte dauernden Entwicklung (links). Segelmanöver sind auf Segelschulschiffen harte Arbeit. Keine elektrischen Winschen helfen den Kadetten und Trainees die schweren Stagsegel zu setzen. „All hands on deck" heißt es dann (rechts).

An diesem gewaltigen Drei-Scheiben-Block hängt die schwere Oberbramrah, die zum Segelsetzen erst vorgeheißt werden muss. Wird das Segel nicht benötigt, so wird die Rah gefiert, d.h. in ihre Ruheposition herabgelassen, um den Schwerpunkt des Schiffes zu senken (links).
Regelmäßig kontrollieren die Ausbildungsoffiziere und Lehrer. Nicht mehr in Hängematten, sondern in schmalen Kojen schlafen heute die Kadetten in ihren Decks (rechts).

ten, sondern handfeste Seeleute. Etwas verloren standen wir an diesem ersten Tag an Deck und bestaunten ebenso ehrfurchtsvoll wie skeptisch die himmelhohen Masten (60 m). Keiner konnte sich so recht vorstellen, je da oben herumzuklettern oder das einzig Richtige aus den vielen dutzend Tauen herauszufinden.

Wie sich bald herausstellen sollte, alles Sorgen, die unnötig waren. Unser deutscher Betreuer erklärte auch für den unerfahrensten verständlich und recht ironisch, wie so ein „Sklavenschiff" funktionierte. Oft recht drastisch warnte er vor diversen Gefahren, z. B. davor, bei eigenen Exkursionen bis in die sauerstoffarme Bilge (ganz unten im Schiff, zwischen unterstem Deck und Schiffsboden) vorzudringen. „Einen, der es geschafft hätte, würde man heute noch suchen." Er brachte es sogar fertig, dass das allgemeine Alkoholverbot im Wesentlichen durchgehalten wurde, wobei die Betonung natürlich auf wesentlich liegt. Was wäre so ein Törn ohne kleine Sünden? Allerdings, Alkohol auf See – auf einem Segelschiff – das geht selten gut. Leichtsinn endet auf Windjammern meist tödlich! Leider gibt es davon genug Beispiele – keines aber von einem sowjetischen Segelschulschiff!

Das schlechte Wetter hielt an. Tiefhängende Wolken, Nebelfetzen und heftige Regenböen ließen den laut Kalender vorhandenen Hochsommer mehr ahnen als sehen. Wie der fliegende Holländer jagten wir unter Vollzeug der gefürchteten Biskaya entgegen. Drei Tage sind wir nun schon unterwegs. Aus dem bunten Haufen von einst sind Wachen gewachsen, die sogar schon so viel Russisch verstehen, um sofort am richtigen „Schnürl" zu ziehen (wie unser Österreicher zu sagen beliebte). Die Ersten, die schon im Masttopp (Mastspitze) waren, stecken nun alle mit

ihrer Begeisterung an. Jeder will nach oben, aber nicht alle schaffen es. Überraschenderweise sind es gerade die Jüngeren (keine unserer Damen!), die auf halber Höhe der Mut verlässt, obwohl die Wetterbedingungen inzwischen ideal sind. Überhaupt „unsere" Frauen an Bord: Es gibt nichts, was ihnen zu schwer ist, an Deck, in der Takelage und sogar beim unbeliebten Küchendienst (wodurch sie in der Achtung der Kadetten ungeheuer steigen). Der kräftige Wind aus Südwest, der uns zu einigen zeitraubenden Kreuzschlägen im Kanal zwang, ist einer sanften Brise aus

nördlichen Richtungen gewichen. Sogar die Sonne kam durch: „Happy sailing" – und das in der als stürmisch verschrienen Biskaya! Zeit genug, um endlich das Schiff kennenzulernen. Die Viermastbark wurde als „Magdalena Vinnen" 1926 für die Bremer Vinnen-Reederei auf der Krupp-Germania-Werft in Kiel gebaut, gleich mit Hilfsmotor. Sie war damals schon einer der schnellsten und größten Frachtsegler. Später wurde sie vom Norddeutschen Lloyd als frachttragendes Segelschulschiff übernommen und in „Komodore Johnsen" umbenannt. Von den Siegermächten

„Eine für sich, eine Hand für das Schiff", dieser Satz der alten Segelschiffsmatrosen gilt noch heute. Oft braucht man jedoch beide Hände, um die schweren Segel zusammenzuraffen und auf der Rah festzubinden.

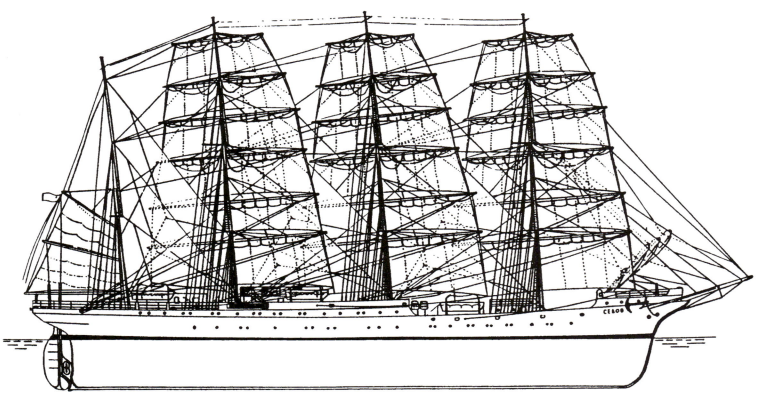

Erst der Seitenriss der „Sedov" zeigt die ganze Komplexität des Riggs. Deutlich kann man erkennen, wo die Brassen angreifen, um die tonnenschweren Rahen zu drehen, die Stagen und Pardunen den Mast stabilisieren (oben). Jeden Morgen um 3 Uhr morgens muss der bootseigene Bäcker aus seiner warmen Koje, um das leckere Brot frisch auf den Frühstückstisch der ewig hungrigen Kadetten zu bringen (unten).
Jede halbe Stunde wird die Schiffsglocke geläutet, das heißt an Bord allerdings „geglast". Ein Glockenschlag entspricht einer halben Stunde, ein Doppelschlag einer Stunde. Früher zeigte man damit an, dass das Glas der Sanduhr vom Wachhabenden umgedreht worden war. Jede Wache dauert 4 Stunden, in der Sprache der Seeleute ist die Wache bei 8 Glas zu Ende. Jedes Mal, wenn nach 4 Stunden eine neue Wache beginnt, fängt man wieder neu zu zählen an (rechts).

wurde sie 1945 beschlagnahmt. Ihr letzter deutscher Kapitän Clausen übergab sie bis zum letzten Teelöffel voll ausgerüstet an die Sowjetunion. Zusammen mit der „Kruzenshtern", dem ehemaligen „Flying-P-Liner Padua", sind dies nun die letzten noch fahrenden Zeugen aus der hohen Zeit der Windjammer.

Das gute Wetter lässt uns nun auch genügend Zeit, mit anderen Kadetten ins Gespräch zu kommen. Ganz einfach ist es nicht, sind doch die Englischkenntnisse recht „basic". Aber wo ein Wille ist, findet sich ein Weg – vor allem zu unseren Damen. Was niemand für möglich gehalten hatte, waren die wirtschaftlichen Probleme, die überall an Bord spürbar wurden – und deutlich machten, wie wichtig diese Geschäfte für die Erhaltung des Schiffes sind.

In Deutschland erhalten die russischen Eigner vielfältige Unterstützung von Inmaris Perestroika Sailing in Hamburg (Törnbuchungen, umfassende Vermarktung auch für Incentive, Werbung und PR), dem Hanse-Sail-Verein in Rostock als Buchungszentrale und Adventure Sailing als umfassendem Internetportal mit Links zu allen Großseglern und deren Buchungsbüros. Bedauert wurde die Unterbringung. Die meisten von uns wären lieber mitten unter den anderen Kadetten gewesen in ihren Decks mit 40 Kojen und nicht in Kammern mit 6 bis 10 unter lauter „Wessis".

SEDOV	
Herkunftsland	Russland
Typ	4-Mast-Bark
Länge über alles	117,5 m
Breite	14,6 m
Seitenhöhe	8,7 m
Tiefgang	6,5 m
Deplacement	6339,0 ts
Masthöhe	57,0 m
Segelfläche	4192,0 qm
Kadetten	44
Lehrer	6
Stammbesatzung (inkl. Arzt)	70
Maschine	1160 PS

Je mehr wir uns die Sonne während der Freiwache (4 Std. Wache – 8 Std. frei) auf den Bauch brennen lassen, desto umwölkter wird der Blick unseres Kapitäns. Lassen die schwachen Winde doch unseren „Fahrplan" ins Wanken geraten. Schon unken die ersten: „Wären wir doch vor der letzten Wende nicht so weit nach Norden gelaufen ..."

Aber wir wären nicht auf einem Segelschiff gewesen, wenn nicht noch alles ganz anders gekommen wäre. Aus heiterem Himmel schlägt der berühmte Norder zu. Bei strahlendem Sonnenschein, keine 70 Seemeilen vor unserem Ziel La Coruña brist es plötzlich auf. Innerhalb weniger Stunden bläst es mit 11 Windstärken aus Nord-Nord-Ost.

Nun strahlt auch unser Kapitän Alexej Perevozchikow wieder. Unter Vollzeug läuft die „alte Dame" kaum glaubliche 16 kn (30 km/h)! Man muss sich das einmal vorstellen: nur durch die Kraft des Windes auf die gewaltigen Segel pflügen 6000 t Stahl mit dieser Geschwindigkeit durch die aufgewühlte See. Es ist ein unglaublich schönes Bild. Leider währt das Glück nicht lange. Plötzlich knallt es

Viel Anerkennung erhalten die weiblichen Trainees, wenn sie die 4 harten Stunden der Ruderwache durchstehen (oben).

Gemeinsam mit den Kadetten wird für die Trainees viermal täglich in der Messe aufgebacken (unten).

Während der Freiwache gehört Schach zu den beliebtesten Beschäftigungen.

Ein Bild, das heute der Vergangenheit angehört: Unter dem Press des Windes wölben sich die alten Baumwollsegel bis fast zum zerreißen.

Kurz vor dem Start müssen alle Wachen in die Masten, um die Segel zu lösen (links). Gemeinsam mit dem Wachoffizier gehen die älteren Kadetten Navigationswache, üben an der Seekarte und berechnen die Kurse. Auch im Zeitalter der Elektronik muss noch jede Stunde die jeweilige Position in die Seekarte und das Logbuch eingetragen werden (rechts oben).
Das Gemeinschaftserlebnis macht für viele Trainees den Reiz des Windjammer-Segelns aus. Nur wenn wirklich alle im wahrsten Sinne des Wortes, am gleichen Strang, d. h. Leine ziehen, lassen sich die gewaltigen Kräfte beherrschen, die die Segel auf das Schiff übertragen (rechts unten).

mehrmals irgendwo ganz oben im Rigg – die Nähte der nagelneuen Dacron-Segel halten dem gewaltigen Druck nicht stand. Ein Fehler der Segelmacherei. Die Toppsegel knattern wie Maschinengewehre in dem nun mit Sturmstärke wehenden Wind. Aus der Traum vom Einlaufen unter vollen Segeln. Dieses stürmische Ende eines fantastischen Törns beschert uns noch einen Tag auf Reede – zum „Lecken der Wunden", d. h. Segel abschlagen etc., und zum Packen.

Nicht nur für die Rechtsanwältin aus Süddeutschland und den Schweizer Öko-Bauern stand schon beim Abschied fest: Dies kann nur der erste Törn gewesen sein! Die Erfahrungen bzw. Selbsterfahrungen, die jeder machte, als er (sie) sich überwand, um in luftiger Höhe auf der Rah zu arbeiten, waren genauso wichtig wie die Herzlichkeit und Offenheit, mit der man uns entgegenkam.

Über eines sollte sich jeder klar sein, der wie wir die Absicht hat, nachzuvollziehen, wie die alten Salzbuckel lebten: Es ist keine Kreuzfahrt, manches entspricht nicht unserem Standard – und es muss hart mit angepackt werden. Das Erlebnis aber, mit eigener Kraft in einer internationalen Gemeinschaft solch ein Schiff durch einen Sturm zu bringen, das wog alle Unzulänglichkeiten bei weitem auf und war „das Höchste", was jeder von uns je erlebt hatte und was uns keiner mehr nehmen kann!

Wir sind uns sicher, spätestens bei der nächsten großen Atlantik-Regatta sehen wir uns wieder. Ein verschworener Haufen, der hoffnungslos dem ansteckenden Bazillus „Segeln auf Windjammern" erlegen ist.

Kurz vor dem Start kommt es auf jede Minute an, muss jeder Handgriff sitzen, denn die „Kruzenshtern", der Konkurrent im Hintergrund, nutzt jeden Fehler, um in die bessere Startposition zu kommen.

Zu den schönsten Aussichten gehört der Blick von der Saling des Fockmastes auf die geblähten Vorsegel in der sonnenschimmernden See.

Hat man sich erst einmal überwunden, dann ist es ein fantastisches Gefühl in 30 m Höhe auf der Rah zu stehen, mit nichts als einem dünnen Drahtseil unter den Füßen. Der nächste Schritt, loszulassen, sich nur noch auf den Sicherheitsgurt zu verlassen und mit beiden Händen das schwere Segel auf die Rah zu packen, fällt dann nicht mehr so schwer.

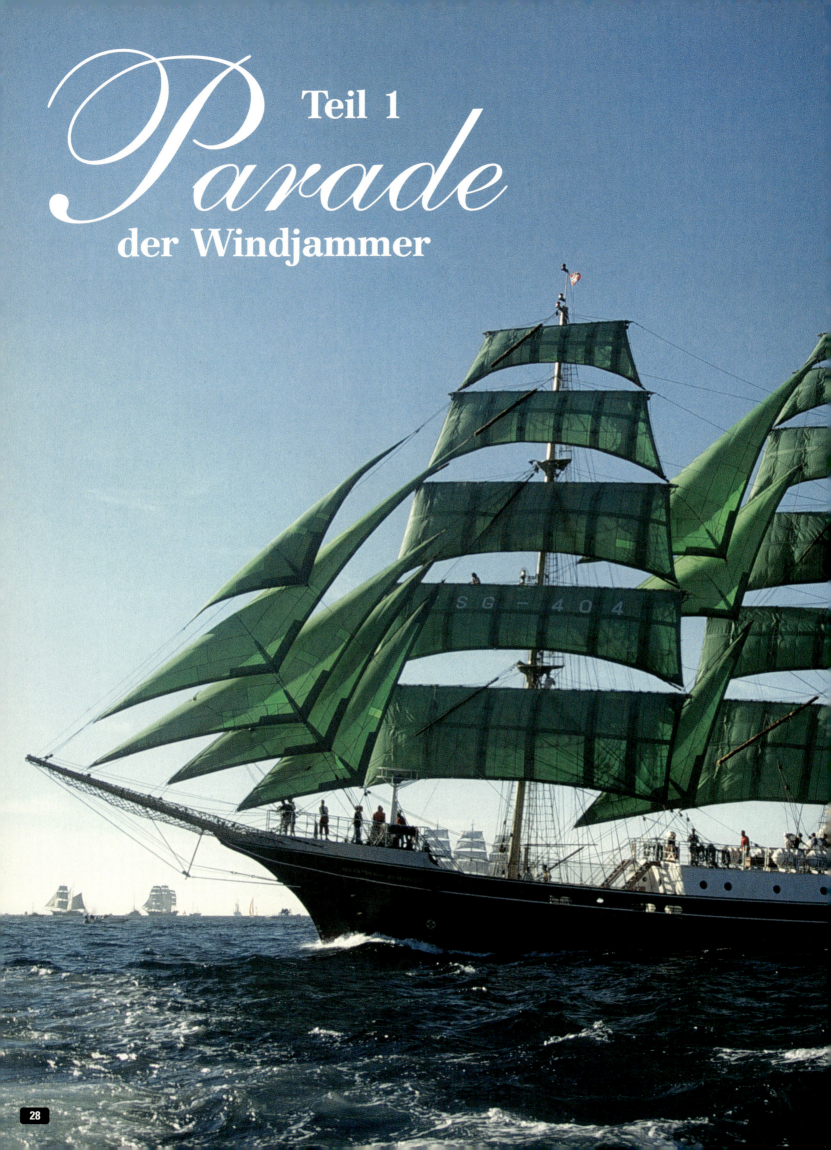

Teil 1
Parade
der Windjammer

Alexander von Humboldt	
Herkunftsland	Deutschland
Typ	Bark
Länge über alles	35,94 m
Breite	8,02 m
Tiefgang	4,88 m
Masthöhe	32,00 m
Segelfläche	1036,00 qm
Anzahl Segel	2
Trainees	40
Tagesgäste	50
Stammbesatzung	20
Maschine	510 PS
Deplacement	829,00 ts

Friedrich Middendorf, genialer Chefkonstrukteur der AG Weser, zeichnete die Pläne für die schnelle Bark „Fürst Bismarck" – nur unwesentlich verändert wurde daraus der Rumpf eines Feuerschiffes. Zum Preis von 538 400 Reichsmark lieferte die Werft ein zunächst namenloses Feuerschiff ab, das erstmals einen Motor erhalten hatte. Als „Reserve" wurde es auf verschiedenen Stationen, wie zunächst Sonderburg, später Kiel, Rügen, und zum Schluss auf der Station Weser eingesetzt. Wäre nicht der Seefahrtsprofessor Manfred Hövener gewesen, der nicht nur die Berufsskeptiker der von ihm mitbegründeten „Sail Training Association Germany" (STAG) ebenso überzeugte wie die unerlässlichen Sponsoren, so wäre auch dieses Schiff als Privatyacht bis zur Unkenntlichkeit verändert worden.

Ankauf, Umbau und Betrieb werden bis heute aus Spendengeldern, Mitgliedsbeiträgen, Törngeldern der Trainees und durch Werbeverträge bezahlt. Seit der Indienststellung 1988 segelte die „Alex" u. a. im Auftrag der Bundesregierung auf den Spuren Alexander von Humboldts nach Südamerika, nahm an allen Transatlantik-Regatten teil, versäumte kein Windjammer-Race und ist von seiner Fangemeinde meist ausgebucht, während der Regatten von Jugendlichen, im Winter von älteren Windjammerfans im Seegebiet der Kanaren.

Bundespräsidenten und kaiserliche Hoheiten segelten ebenso an Bord wie die Kap Horniers auf ihrem Kongress in Cuxhaven.

Kaum ein Segelschulschiff zieht so viele bewundernde Blicke auf sich wie die „Amerigo Vespucci", die zweite ihres Namens in der italienischen Marine. Den massigen, einem Linienschiff des 18. Jahrhunderts nachempfundenen Rumpf gliedern wie damals zwei weiße Pfortenbänder. Diesen Eindruck verstärken sowohl die hoch aufragende, vergoldete Galionsfigur des Namensgebers Amerigo Vespucci unterhalb des riesigen Bugspriets (15,5 m), als auch das vergoldete Rankenwerk, das an der Heckgalerie durch den vergoldeten, ebenfalls von Ranken umgebenen Namenszug wieder aufgenommen wird. Das Deck beherrschen zahllose glänzende Messingbeschläge und edles Mahagoni. Arbeit genug für die große Crew. Da auch das Rigg dem 19. Jahrhundert entspricht, benötigt man die gesamte Crew zum Segelsetzen und Brassen.

Offiziersanwärter aus vielen Ländern, darunter auch aus der Ukraine, Tunesien, Lybien wurden in vergangenen 70 Jahren an Bord ausgebildet. Die Erstausbildung erfolgt an vollgetakelten Masten an Land. Erst wenn die neuen Kadetten gelernt haben, sich im Rigg sicher zu bewegen, folgt die Abkommandierung für fünf Monate. Die Reisen beginnen meist in La Spezia, häufig waren die großen maritimen Festivals wie die L´Armada in Rouen, Brest oder die „Op Sails" in New York das Ziel. Für Italiens Marine und Regierung ist der gewaltige Segler als repräsentativer Ort für diplomatische Empfänge mindestens genauso wichtig wie seine Verwendung als Schulschiff.

Bis 1945 stand der Marine noch die etwas ältere „Christoforo Colombo" zur Verfügung. Die Sowjetunion beanspruchte jedoch nach Kriegsende den Segler aus Prestigegründen als Reparation, konnte ihn aber nicht nutzen. So verkam das Schiff unter dem Namen „Dunay" als Kohlenhulk, die 1972 schließlich abgewrackt wurde.

Amerigo Vespucci	
Herkunftsland	Italien
Typ	Vollschiff
Länge über alles	100,60 m
Breite	15,56 m
Tiefgang	7,19 m
Deplacement	4146,00 ts
Masthöhe	57,30 m
Segelfläche	2580,00 qm
Anzahl Segel	23
Kadetten	150
Stammbesatzung	241
Maschine	2 x 950 PS
Geschwindigkeit uM	10,50 kn

Artemis	
Herkunftsland	Niederlande
Typ	Bark
Länge über alles	60,00 m
Breite	6,70 m
Tiefgang	3,80 m
Deplacement	271,00 ts
Masthöhe	31,00 m
Segelfläche	634,00 qm
Anzahl Segel	15
Trainees	24
Tagesgäste	120
Stammbesatzung	9
Maschine	290 PS

Nur noch der hochgezogene Bug erinnert an den ehemaligen Walfänger. Bis 1940 jagte die „Pol II", so der ursprüngliche Name, Wale in den stürmischen Gewässern des Nordatlantik, sowie im noch stürmischeren Südpolarmeer.

Schon während des 2. Weltkriegs verlor der Wal als Lieferant für Öle erheblich an Bedeutung. Für dampfgetriebene Fangboote mit Hilfsbesegelung war kein Bedarf mehr. Auch die „Pol II" wurde verkauft. Die neuen Eigentümer ersetzten die Dampfmaschine durch einen kostengünstigeren Dieselmotor. Aus den Kohlebunkern wurden die Frachträume des neuen Küstenfrachters. Später noch einmal verlängert und in der weltweiten Trampfahrt zwischen Skandinavien, Südamerika und Asien eingesetzt, drohte 1999 die Abwrackwerft. Die Brüder Bruinsmas suchten zu dieser Zeit einen Rumpf, der sich für den Umbau zum Segelschiff eignete. Sie entdeckten das Schiff für sich und erkannten das Potential, das in dem alten Rumpf steckte.

Noch zwei Jahre dauerte es, dann war die größte Bark der Niederlande fertig – mit zwei eleganten Decksalons optimal geeignet für Empfänge und zur Begleitung maritimer Events für ausgewählte Gäste.

Asgard II	
Herkunftsland	Irland
Typ	Brigantine
Länge über alles	32,90 m
Breite	6,70 m
Vermessung	93 BRT
Tiefgang	3,10 m
Masthöhe	25,90 m
Segelfläche	370,00 qm
Anzahl Segel	10
Trainees	20
Stammbesatzung	5
Maschine	160 PS
Geschwindigkeit uM	7,00 kn

Die hölzerne, 1981 gebaute Brigantine „Asgard II" trägt einen berühmten Namen. Die Geschichte des irischen Freiheitskampfes ist untrennbar mit dem Namen der ersten „Asgard" verbunden. Im Juli 1914 beluden Mary und Erskine Childers die 1905 von Colin Archer gebaute „Asgard" in Hamburg mit Waffen für die von der deutschen Regierung insgeheim unterstützten irischen Freiheitskämpfer. Nach einigen Schwierigkeiten gelang es, die gefährliche Ladung an Land zu bringen. Heute liegt die Gaffelketsch als Nationaldenkmal im Freiheitsmuseum, das sich im Gefängnis von Kilmainham befindet. Die „Asgard II" ist ein reines Ausbildungsschiff. Obwohl es von der irischen Marine gemanagt wird, ist der Betrieb wesentlich „ziviler" als an Bord der britischen „Royalist" oder ähnlicher Schiffe. Obwohl die meisten Törns in heimischen Gewässern stattfinden, findet man den kleinen Rahsegler mit seinem werbewirksamen, irisch-grünen Rumpf häufig in US-amerikanischen und kanadischen Häfen auf der anderen Seite des Atlantik.

Trotzdem, ein Windjammer-Race, an dem die Asgard nicht teilgenommen hat, ist keines. Es sind nicht die legendären Bordparties, es ist die irische Gastfreundschaft und Hilfsbereitschaft. So ist es eigentlich schon fast selbstverständlich, dass sie 1991 mit der „Cutty Sark Trophy" ausgezeichnet wurde.

Astrid	
Herkunftsland	Niederlande
Typ	Brigg
Länge über alles	41,65 m
Breite	6,46 m
Tiefgang	2,65 m
Deplacement	271,00 ts
Masthöhe	25,00 m
Segelfläche	450,00 qm
Anzahl Segel	17
Trainees	24
Stammbesatzung	9
Maschine	290 PS
Geschwindigkeit uM	9,00 kn

Der „Astrid" ging es wie vielen alten Schiffen, die immer wieder umgebaut und den jeweiligen Erfordernissen angepasst wurden. So verlangte der Markt nach dem 1. Weltkrieg nach kleinen Frachtseglern mit geringem Tiefgang. Viele Fischlogger wurden damals zu Küstenfrachtern umgebaut oder gleich, wie auch die Astrid 1918, für beide Aufgaben vorbereitet.

Unter holländischer Flagge unter dem Namen WUTA (wacht uw tijd af) segelte sie bis 1937, dann erwarb sie John Jeppsen aus Skillinge in Schweden. Bis zu seinem Tode, 1975, sorgte er liebevoll für das Schiff. Getreide, Holz, Raps und Kohle transportierte er während des 2. Weltkriegs für Auftraggeber in Skandinavien.

Abenteuerlich wurde es 1976 nach dem kompletten Umbau in einen schmucken Kümo. Die neuen libanesischen Eigner, Ali Karim Ahmed & Shafsack Mohammed Bassam, trieben mit allem Handel, was unter Ausnutzung des Krieges im Nahen Osten Geld brachte. Schon bald machte das Gerücht die Runde, dass Drogenschmuggel das Hauptgeschäft der Firma sei. Daraufhin stoppte die britische Küstenwache den altmodischen Frachter. Noch ehe Polizei das Schiff entern konnte, hatte die Crew Feuer gelegt und war über Bord gesprungen. Aufgegeben, von niemandem beachtet, rostete der immer noch elegante Rumpf bis 1984.

Unter der Schirmherrschaft der englischen königlichen Hoheit, Prinzessin Anne, begann in diesem Jahr der vorerst letzte Abschnitt im Leben des ehemaligen Schoners. Aufgemessen, sandgestrahlt und von erfahrenen Schiffbauern begleitet, entstand Schritt für Schritt die heutige Brigg.

Briggs beherrschten im 19. Jahrhundert den Handel. Das symmetrische Rigg erlaubte viele Manöver, die Barks nicht so leicht durchführen konnten, wie aufstoppen, rückwärts fahren und wenden.

1989 war es soweit, nach fünf Jahren harter Arbeit setzte der nun ganz traditionell getakelte ehemalige Logger als Brigg wieder Segel. Unter britischer Flagge betrieb der „Astrid Trust" bis 1998 intensives Sailtraining mit Jugendlichen.

Heute weht die niederländische Flagge am Heck. Der britische „Astrid Trust" scheiterte 1998 an der Finanzierung und Managementfehlern, holländische Skipper griffen zu. Noch einmal ging das Schiff in die Werft, 12 Doppelkabinen entstanden – anspruchsvolle Gäste erwarten mehr Komfort als entbehrungsbereite Trainees.

Viele Jahrhunderte rangen die mächtigen Flotten Englands und Frankreichs um die Vorherrschaft. Blieben in England wenigstens „Victory", „Trincomalee" und „Unicorn" erhalten, so sucht man im seefahrtsbegeisterten Frankreich vergebens nach solchen Zeugen einstiger Seegeltung. Geblieben ist die Bark „Belem", 1896 für den Kakaohandel zwischen Brasilien und Frankreich gebaut. Der Herzog von Westminster kaufte sie 1914 für 3000 £ und baute mit viel Teak den Frachtsegler bei „Harland & Wolff" in Belfast zu einer luxuriösen Segelyacht um. Nur 7 Jahre allerdings hatte er Spaß an diesem „Spielzeug", dann erwarb sie der irische Brauereikönig Sir A. Ernest Guiness.

Hier war sie in den richtigen Händen. Der enthusiastische Segler unternahm weite Reisen bis nach Japan und Tahiti. Nach seinem Tod 1939 lag sie bis 1951 im Hafen der Isle of Wright. Nun wechselten wieder Flagge und Namen. Sir Guiness nannte sie „Fantôme II", die Italiener stellten sie als Barkentine „Giorgio Cini" in Dienst.

Als Schulschiff für Waisenkinder war der Windjammer bis 1972 unterwegs – bis 1979 nutzten die italienischen Carabinieri die Barkentine, um sie dann ziemlich abrupt aufzugeben. Dies war die Chance für französische Shipslover, den letzten französischen Großsegler endlich heimzuholen. Mit tatkräftiger Hilfe der Marine kehrte der Rahsegler 1980 zurück. Nach der Restaurierung lag die „Belem", nun wieder als Bark getakelt, für kurze Zeit in Paris als Museumsschiff. Seit 1985 läuft sie vom alten Heimathafen Nantes regelmäßig zu Reisen mit zahlenden Gästen aus, überwiegend in europäischen Gewässern. 1986 nahm sie mit einer Sondergenehmigung an der „Op Sail 1986" in New York teil und segelte 2002 auf historischen Kursen nach Brasilien.

Belem	
Herkunftsland	Frankreich
Typ	Bark
Länge über alles	58,00 m
Breite	8,80 m
Tiefgang	3,60 m
Deplacement	750,00 ts
Masthöhe	34,00 m
Segelfläche	1000,50 qm
Anzahl Segel	21
Trainees	48
Stammbesatzung	16
Maschine	2 x 300 PS
Geschwindigkeit uM	9,00 kn

Portugiesische Seefahrer entdeckten mit diesen Schiffen die Welt. Vasco da Gama segelte damit nach Osten bis Indien, Jesuitenmönche sogar bis Japan, Álvares Cabral nach Westen, nach Brasilien. Noch im 15. Jahrhundert waren die arabischen Dhauen, die den Fernhandel im Indischen Ozean völlig beherrschten, den Karavellen und Naos der Portugiesen und Spanier an Größe und Seetüchtigkeit überlegen. Da arabische Gelehrte auch die Astronomie weiter entwickelt hatten als die durch die Inquisition behinderten europäischen Gelehrten, konnten die Navigatoren auch hier von den Arabern lernen. Erst die Kombination mediterraner Schiffbaukunst mit der der Araber und den Kenntnissen der Nordeuropäer ergab Schiffe, die keine echten Konkurrenten mehr hatten.

Bis heute sind weder das genaue Aussehen dieser Schiffe bekannt, noch die Segeleigenschaften. Da entschloss sich die 1980 gegründete APORVELA (Associação Portuguesa de Treino de Vela) es anderen Nationen nachzutun und unter Zuhilfenahme aller historischen Quellen ein Schiff der portugiesischen Entdecker nachzubauen. Deutlich ist der arabische Einfluss. Die beiden nach vorne geneigten Masten mit den beiden riesigen Dreieckssegeln (Lateinersegel), die glatte Kraweelbeplankung machen dies deutlich. Der ganz traditionell aus Holz gebaute Rumpf, die Leinensegel und das Hanftauwerk erlauben auf vielfältige Weise Segel- und Manövriereigenschaften dieses Seglers aus dem 15. Jahrhundert zu untersuchen.

Die Caravela erwies sich als seetüchtiger als erwartet. Sie überquerte mehrfach den Atlantik, 1992 mit der Flotte, die der Entdeckung Amerikas gedachte, und selbstverständlich wieder im Jahre 2000, um an die erste Reise des portugiesischen Seefahrers Cabral zu erinnern. Er fand mit ähnlichen Schiffen 500 Jahre früher den Seeweg nach Brasilien.

Bis heute hat die Replik mehr als 60 000 sm zurückgelegt, dabei Staatspräsidenten wie Schülern gezeigt, wie man im 15. Jahrhundert zur See fuhr und navigierte. So weiß man in Portugal heute wieder, wie man mit einem Astrolabium umgeht, oder einem Jakobsstab.

Boa Esperanza	
Herkunftsland	Portugal
Heimathafen	Lissabon
Typ	Portugiesische Caravela
Verwendung	Segelschulschiff
Länge über alles	23,80 m
Breite	6,59 m
Tiefgang	3,25 m
Masthöhe	21,00 m
Segelfläche	235,00 qm
Anzahl Segel	2
Stammbesatzung	22
Maschine	190 PS
Geschwindigkeit uM	8,00 kn

Capitan Miranda

Herkunftsland	Uruguay
Typ	Stagsegelschoner
Länge über alles	61,20 m
Breite	8,40 m
Tiefgang	3,60 m
Deplacement	715,00 ts
Masthöhe	28,70 m
Segelfläche	889,08 qm
Anzahl Segel	7
Kadetten	28
Gäste	10
Stammbesatzung	42
Maschine	386 PS

So ganz passen der langgestreckte Yachtrumpf der „Capitan Miranda", des Schulschiffs der kleinen Marine Uruguays, und das moderne Aluminium-Rigg nicht zusammen. Doch, so versichern die Kommandanten ohne Unterschied, harmonieren beide seglerisch hervorragend. Das ehemalige hydrographische Forschungsschiff erhielt die neuen Masten erst 1977, beim Umbau zum Schulschiff. Bei diesen Arbeiten blieb glücklicherweise die repräsentative Offiziersmesse erhalten. Sie gleicht mehr dem Salon einer Luxusyacht der Jahrhundertwende als einem Arbeitsraum früherer Hydrographen. Wahrscheinlich hatte auch dieses Schiff gleichzeitig repräsentative Aufgaben; vergleichbar dem Hamburger Bereisungsdampfer „Schaarhörn", der 1908 offiziell für Vermessungsaufgaben auf der Elbe gebaut worden war, tatsächlich aber dem Empfang illustrer Staatsgäste diente.

Seit der Restaurierung des eigentlich zum Abbruch bestimmten Oldtimers unternimmt die kleine Marine Uruguays jedes Jahr ausgedehnte Ausbildungsreisen mit ihrem Schulschiff, ist häufiger und gern gesehener Gast in europäischen Häfen sowie regelmäßiger Teilnehmer an den Windjammer-Regatten weltweit. Vor allem die temperamentvolle Bordband sorgt in allen besuchten Häfen für Stimmung und einen nicht abreißenden Besucherstrom an Bord.

Namenspatron ist der 1869 in Montevideo geborene Marineoffizier Francisco Miranda, der sich vom einfachen Matrosen bis zum Marineminister hochgearbeitet hatte. International bekannt und bewundert wurde er durch seine gründlichen hydrographischen Untersuchungen im Mündungsgebiet des Rio de la Plata und Veröffentlichungen zur Seekriegsführung.

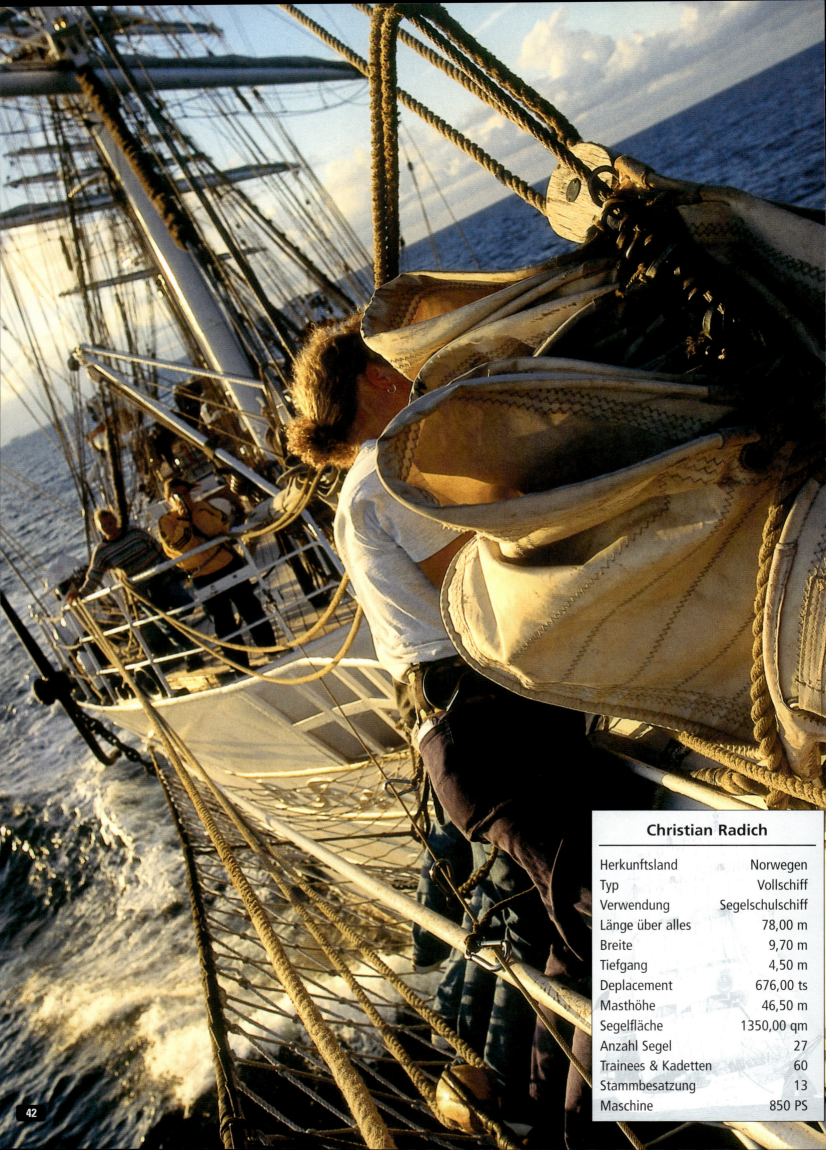

Christian Radich

Herkunftsland	Norwegen
Typ	Vollschiff
Verwendung	Segelschulschiff
Länge über alles	78,00 m
Breite	9,70 m
Tiefgang	4,50 m
Deplacement	676,00 ts
Masthöhe	46,50 m
Segelfläche	1350,00 qm
Anzahl Segel	27
Trainees & Kadetten	60
Stammbesatzung	13
Maschine	850 PS

Es gibt nur wenige Filme, die so nachhaltige Wirkung hatten, wie die erste Super-Breitwandproduktion „Windjammer". Hautnah berichtet sie vom Leben der norwegischen Seefahrtsschüler auf einer Ausbildungsreise in die Karibik und die USA 1956. Dabei entstanden die letzten Bilder des deutschen Segelschulschiffes „Pamir", nur kurze Zeit vor dem tragischen Untergang im Hurrikan „Carrie". Heute segelt das hervorragend geführte Vollschiff nur noch selten mit Seefahrtsschülern oder Offiziersanwärtern. Nachdem auch die norwegische Ausbildungsordnung verändert wurde, muss die „Christian Radich" nun um jede Krone kämpfen. Mit Chartertörns muss der Unterhalt des Schiffes finanziert werden, wie bei den anderen norwegischen Rahseglern „Statsraad Lehmkuhl" und „Sørlandet".

1937, kurze Zeit nach der Indienststellung, segelte sie zusammen mit der „Danmark" nach New York zur Weltausstellung. Während die dänischen Eigner der „Danmark" es vorzogen, ihr Schiff wegen der unsicheren politischen Situation 1939 in den USA zu belassen, kehrte die „Christian Radich" nach Europa zurück. Leider, muss man heute sagen, denn nach der Besetzung Norwegens durch deutsche Truppen, wurde auch die „Radich" beschlagnahmt und diente u. a. als Depotschiff einer U-Boots-Flotille. Bei Kriegsende lag sie halb ausgebrannt und gekentert in Flensburg. Erst 1947 konnte der kleine Squarerigger wieder Segel setzen. Von Anfang an, d. h. seit 1956, segelte er die Windjammer-Regatten – und siegte so oft wie kein anderer, zuletzt 1992 bei der Columbus-Regatta.

Creoula	
Herkunftsland	Portugal
Typ	Grandbanks-Schoner
Länge über alles	67,40 m
Breite	9,90 m
Tiefgang	4,70 m
Deplacement	818,00 ts
Masthöhe	37,00 m
Segelfläche	1244,00 qm
Anzahl Segel	11
Trainees	51
Lehrer	1
Stammbesatzung	39
Maschine	800 PS
Geschwindigkeit uM	8,00 kn

Zu hunderten befuhren einst die äußerst seetüchtigen Schoner aus Portugal, Spanien, Frankreich und den USA die wilden Gewässer des Nordatlantik. Die Grand Banks, das Seegebiet vor Nova Scotia, waren überreich an Dorsch, einer der wichtigsten Eiweißlieferanten für die Iberische Halbinsel. Als Trockenfisch kommt er dort noch heute auf den Markt (Bacalhau). Gefischt wurde mit sog. Langleinen (Angeln) von kleinen Ruderbooten (Dory), die auf dem Deck der Schoner gestapelt waren. Die Fangreise dauerte meist von April bis September, mit 800 t Fisch und 60 t Dorschleberöl ging's dann zurück. Im Winter lagen die Schiffe auf, wurden repariert und neu ausgerüstet. Die „Creoula" ist der letzte noch wirklich seetüchtige hölzerne Grand-Banks-Schoner. Damals lebten und arbeiteten an Bord 37 Fischer auf engstem Raum. Sie brachten Rekordfänge mit. An manchen Tagen hingen 36 t Fisch am Haken. 1973 war es damit zu Ende. Fischdampfer beherrschen seitdem die Fangplätze. Sechs Jahre dauerte es, bis 1979, bis sich endlich das Kulturministerium mit dem Fischereiministerium einigte und den yachtähnlichen Schoner kaufte, um ihn zu erhalten. Da der Rumpf kaum Altersspuren aufwies, konnte man den schlanken Segler sogar als Schulschiff wieder auf See schicken: zunächst um junge Fischer auszubilden, später segelte er mit jugendlichen Trainees auf den Spuren der portugiesischen Entdecker und nimmt nun auch an den Großsegler-Regatten teil.

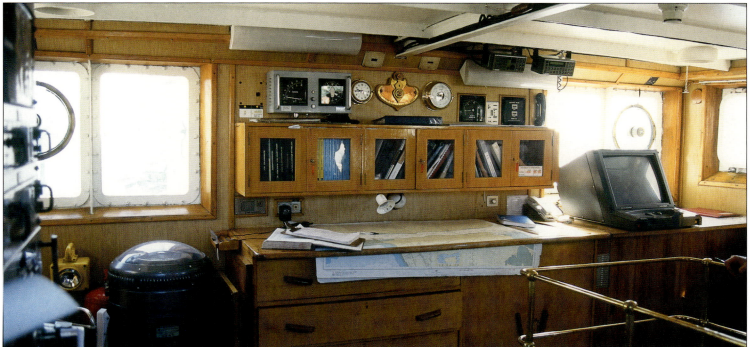

Cuauhtémoc	
Herkunftsland	Mexiko
Typ	Bark
Länge über alles	90,50 m
Breite	12,00 m
Tiefgang	5,40 m
Deplacement	1800,00 ts
Masthöhe	48,50 m
Segelfläche	2368,00 qm
Anzahl Segel	23
Kadetten	90
Stammbesatzung	190
Maschine	1125 PS
Geschwindigkeit uM	9,00 kn

Stolz, ungeheuer stolz ist die immer äußerst freundliche und hilfsbereite Crew auf „ihre" Cuauhtémoc. Kein Hafen, in dem sich keine Schlangen von Besuchern an der Gangway drängeln und dutzende hübscher Mädchen tränenreichen Abschied zelebrieren. Kein Wunder, dass dieses Schiff bereits zweimal die begehrte „Cutty Sark Trophy for international Friendship and Understanding" erhielt.

Regelmäßig überquert die „Cuauhtémoc" den Atlantik, um Mexikos Marine bei den internationalen Treffen (u. a. Rouen, Delfzijl, Amsterdam) zu präsentieren und natürlich den hohen Ausbildungsstandard während der Windjammer-Regatten zu demonstrieren. Diese weiten Reisen führen daher häufig in Nord- und Ostsee, aber auch ins Mittelmeer, in arabische Häfen ebenso wie auf die andere Seite der Weltkugel, in den Pazifischen Ozean nach Australien und Osaka. Auf ihren jährlichen Ausbildungsreisen sollen die Offiziersanwärter nicht nur andere Länder und Marinen kennen lernen, sondern auch für ihr Land werben. Nur wenige Schiffe sind besser dazu geeignet: dunkles Edelholz in den Offiziersalons und Messen, geschmückt mit Wappen, dazu die bleigefaßten, bunten Wappenfenster. Sie beeindrucken jeden Besucher.

Seit ihrer Indienststellung legte die Bark bis 2003 mehr als 400000 sm zurück, absolvierten 21 Generationen von Offiziersanwärtern aus vielen lateinamerikanischen Ländern die Lehrgänge. Der Name des Schiffes ist eng mit der Geschichte Mexikos verbunden, symbolisiert den Kampf gegen Unterdrückung durch fremde Eroberer. Übersetzt bedeutet er „der Adler, der herabsteigt" (nach dem Gebet).

1520, nach der Ermordung des letzten Aztekenherrschers Moctezuma durch die Soldaten des spanischen Konquistador Cortés, führte Prinz Cuauhtémoc den Aufstand gegen die brutalen Eroberer an. Nach der Zerstörung der Hauptstadt des Aztekenreiches (heute Mexiko City) geriet er in spanische Gefangenschaft und wurde ebenfalls ermordet.

Danmark	
Herkunftsland	Dänemark
Typ	Vollschiff
Länge über alles	77,00 m
Breite	10,00 m
Tiefgang	4,20 m
Deplacement	737,00 ts
Masthöhe Großmast	39,60 m
Segelfläche	1632,00 qm
Anzahl Segel	26
Kadetten	80
Offiziere	7
Stammbesatzung	10
Maschine	486 PS

Die Ausbildung an Bord der „Danmark" ist hart für die 15-18-jährigen Kadetten, die das Schiff unter Anleitung der kleinen Stammcrew fahren müssen. Trotzdem scheint es den Jugendlichen ungeheuren Spaß zu machen, ihr Schiff in Schuss zu halten und bei den „Sail"-Veranstaltungen in aller Welt zu präsentieren. Nach dem Ende langjähriger Charterverträge und Änderungen in der Ausbildungsverordnung für seemännisches Personal fehlt nun das Geld. Nur noch wenige Reisen pro Jahr sind deswegen möglich.

Vor dem 2. Weltkrieg überquerte die „Danmark" auf ihren Ausbildungsfahrten allerdings regelmäßig den Atlantik. 1939, auf einer Reise an die amerikanische Ostküste, überraschte der Kriegsausbruch die Crew. Integriert in die U.S. Coast Guard wurden in den Jahren 1939 bis 1945 mehr als 5000 Kadetten an Bord ausgebildet.

Obwohl die technische Ausrüstung ständig den Erfordernissen angepasst wird, achtet man sehr darauf, dass unter Deck der Charakter erhalten bleibt. Unverändert blieb daher das betont schlicht gehaltene, aber elegante Innere. Es überzeugt durch die sorgfältige Wahl dunkler Tropenhölzer und weiß gestrichener Wände im Offiziersbereich.

Die vergoldete Galionsfigur, ein grimmig dreinblickender, bärtiger Meeresgott, hat bisher seine Schutzpflicht erfolgreich erfüllt. Kein schwerer Unfall trübt die Erfolgsbilanz.

Dar Mlodziezy

Herkunftsland	Polen
Typ	Vollschiff
Länge über alles	108,82 m
Breite	14,00 m
Tiefgang	6,37 m
Deplacement	2946,00 ts
Masthöhe	49,50 m
Segelfläche	3015,00 qm
Anzahl Segel	26
Kadetten	150
Stammbesatzung	40
Maschine	2 x 750 PS
Geschwindigkeit uM	12,00 kn

Nach 70 Dienstjahren genügte die „Dar Pomorza" den Ansprüchen an eine moderne Ausbildung nicht mehr. Vor die Frage gestellt, eines der schönsten Segelschiffe der Welt umfassend zu modernisieren und damit in seinem Charakter völlig zu verändern, entschieden sich Seefahrtsschule und Regierung für einen Neubau.

Die teure Segelschiffsausbildung ganz aufzugeben, stand in diesem traditionell denkenden Land nie zur Debatte. Einer, der damals revolutionäre Ideen mit traditionellem Denken zu verbinden wusste, war Zygmunt Chorén.

So war es nur logisch, ihn mit dem Bau von Polens neuem Windjammer zu betrauen. Als Versuchsschiff entstand zunächst die kleine Barkentine „Pogoria". 1982 war es dann soweit. Von der Helling der später so berühmten Danziger Leninwerft rauschte der weiße Rumpf des ersten modernen Segelschiffes in das braune Wasser des Hafens. Auch dieses Schiff war eine nationale Herzensangelegenheit. Die Jugend des Landes brachte das nötige Geld zusammen und wurde mit dem Namen bedacht: Dar Mlodziezy – Geschenk der Jugend.

Seit der Indienststellung 1982, gerade rechtzeitig zur denkwürdigen Windjammer-Regatta Falmouth – Lissabon, fehlte die „Dar Mlodziezy" auf keinem bedeutenden maritimen Festival. Egal auf welcher Seite des Globus – ob in Japan, Australien, USA, der Stolz der polnischen Seefahrer war immer dabei.

51

Dar Pomorza	
Herkunftsland	Polen
Typ	Vollschiff
Länge über alles	91,10 m
Breite	12,60 m
Tiefgang	5,70 m
Vermessung	1566 BRT
Masthöhe	49,00 m
Segelfläche	2100,00 qm
Anzahl Segel	23
Kadetten	150
Stammbesatzung	39
Maschine	430 PS
Geschwindigkeit uM	6,00 kn

Polen ist nicht nur wegen Joseph Conrad, dem berühmten maritimen Schriftsteller, eine der ganz großen europäischen Seefahrernationen. Vom Rest Europas nahezu unbeachtet segelten polnische Skipper einhand um die Welt, wurde Polarforschung unter Segeln betrieben und die modernsten Segelschiffe konstruiert. Schon im 19. Jahrhundert waren polnische Seeleute auf allen Weltmeeren zu Hause.

Kaum war der polnische Staat aus den Wirren des 1. Weltkriegs wieder erstanden, wurde die Seefahrtsschule (heute in Gdynia) gegründet und ein schon etwas betagtes, großes Segelschulschiff erworben. Die Bark „Lwów" (85,1 m lang), 1869 als „Chinsura" in England gebaut, erreichte 1929 ihre Altersgrenze und mußte ersetzt werden. Unter dem Namen „Colbert" dämmerte die Reparationsleistung „Prinzess Eitel Friedrich" in St. Nazaire vor sich hin. Weder als Nachfolger der „Richelieu" noch als Yacht des Barons de Forrest kam sie wieder in Fahrt. Inzwischen betrachtete es Polen als nationale Aufgabe ein neues Segelschulschiff zu kaufen, das ganze Land sammelte. Vor allem die Region der Pommerellen (poln. Pomorze) tat sich dabei hervor und kaufte den Auflieger in Frankreich.

Am 13. Juli 1930 begann das zweite Leben des eleganten Vollschiffes, nun unter dem Namen „Dar Pomorza". Bis 1939 unternahm sie weite Reisen, u. a. in die USA. Als eines der wenigen Segelschulschiffe überstand sie den Krieg unbeschadet, dank der schwedischen Neutralität. So konnte noch 1945 der Ausbildungsbetrieb wieder aufgenommen werden. Bis 1982, als sie von der „Dar Mlodziezy" abgelöst wurde, legte sie während der 101 Ausbildungsreisen mehr 50000 sm zurück, lief 370 Häfen in 50 Ländern an.

13000 Kadetten verdanken ihr unvergessliche Erlebnisse auf See. In dieser Zeit gehörte die „Dar Pomorza" zu den regelmäßigen Teilnehmern der „Cutty Sark Tall Ships' Races", erhielt als erstes und einziges Schiff aus einem der damaligen sozialistischen Länder die „Cutty Sark Trophy for International Understanding". Unter ihrem legendären Kapitän Tadeusz Olechnovicz gehörte sie bei allen Windjammer-Regatten zu den härtesten Gegnern der „Gorch Fock".

Dewarutji	
Herkunftsland	Indonesien
Typ	Barkentine
Länge über alles	58,30 m
Breite	9,50 m
Tiefgang	4,50 m
Deplacement	847,00 ts
Masthöhe	35,90 m
Segelfläche	1091,00 qm
Anzahl Segel	16
Kadetten	80
Stammbesatzung	75
Maschine	986 PS
Geschwindigkeit uM	10,50 kn

1952 lagen der Hamburger Hafen und damit auch die Werften noch weitgehend in Trümmern. Trotzdem bestellte das gerade unabhängig gewordene Indonesien bei der Hamburger Traditionswerft „Stülcken & Sohn" ein Segelschulschiff. Vorbild war die 1932 auf der gleichen Werft gebaute Barkentine „Jadran". Beide Schiffe haben die Werft seit langem überlebt. Die Stülckenwerft fiel der Krise des Schiffbaus in Europa in den 70er Jahren zum Opfer.

Seit damals hat sich das Schiff erheblich verändert. Vom Heck bis zur Galionsfigur, Dewarutji, dem Gott der Wahrheit und des Mutes, überziehen kunstvolle Schnitzereien Aufbauten und Untermasten. So gelingt auch äußerlich der Spagat zwischen der mythischen Götterwelt Indonesiens, seiner großen Seefahrtstradition und den Ansprüchen, die eine moderne Marine an die Ausbildung stellt.

Weite Auslandsreisen in den Atlantik, so zur „Operation Sail" in New York, wechseln mit Törns in der ausgedehnten heimischen Inselwelt, nach Australien und zur amerikanischen Westküste.

Dom Fernando II. e Gloria	
Herkunftsland	Portugal
Typ	Fregatte 3 Mast-Vollschiff
Verwendung	Segelschulschiff
Länge über alles	86,75 m
Breite	12,80 m
Tiefgang	6,40 m
Deplacement	1849,16 ts
Masthöhe	40,00 m
Segelfläche	2052,21 qm
Anzahl Segel	21
Passagiere	350
Stammbesatzung	145-379
Bewaffnung	50 Geschütze

Sie war die letzte vollgetakelte Segelfregatte Portugals, die letzte, die 1843 in den indischen Kolonien zum Schutz der historischen Handelsroute in die Heimat gebaut wurde.

Grund genug, ihr das unwürdige Ende der Fregatte „Implacable" zu ersparen, einem Veteranen aus der Schlacht von Trafalgar, der 1949 aus der britischen Navy ausgemustert und vor der Küste durch Geschützfeuer versenkt wurde.

Viel hätte allerdings nicht gefehlt, dann wären die Reste der 1963 durch Feuer weitgehend zerstörten hölzernen Fregatte endgültig im Schlamm des Tejo bei Mar da Palha versunken. Die Rückbesinnung Portugals auf seine große Tradition als Seefahrtsnation, die Fahrten der Entdecker zu Beginn der Neuzeit und der 500. Jahrestag der Fahrt Vasco da Gamas nach Indien, sowie die Weltausstellung 1998 in Lissabon, machten ungeahnte Kräfte frei.

Am 20. Januar 1992, zwei Jahre nachdem die portugiesische Marine und das „Nationale Komitee zur Erinnerung an die Zeit der Entdeckungen" den Vertrag zur Rettung des Schiffes unterzeichnet hatten, begannen die Bergungsarbeiten. Mit Hilfe von Auftriebskörpern gelang es den Ingenieuren der Marinewerft von Alfeite, das Wrack aus dem Schlamm des Tejo zu lösen und in das nahegelegene Dock zu bugsieren. Die Besichtigung ergab, dass vor allem die ständig von Wasser bedeckten Teile des Rumpfes zusammen mit dem Kiel die Basis für den Wiederaufbau bilden konnten. Der sollte auf der kleinen, für ihre ausgezeichnete Arbeit bekannten Werft „Ria Marine" bei Aveiro in Nordportugal erfolgen.

Anfang April 1997 war es soweit. Die Admiräle der Marineführung, der Provinzgouverneur, die „Macher" der Weltausstellung 1998, private Sponsoren und der Ministerpräsident versammelten sich zum spektakulären Stapellauf. Kapitän Martins e Silva, Direktor des „Museo do Marinha", hatte in seiner Sammlung ein zeitgenössisches Enterbeil entdeckt, mit dem der kunstvolle Mechanismus ausgelöst wurde. Strahlender Sonnenschein lag über der weiten Marsch, als ein kräftiger Hieb das Seil durchtrennte und der riesige Rumpf laut rumpelnd in die brackigen Wasser der Lagune von Aveiro glitt. Einige Wochen später, im Arsenal von Alfeite, gegenüber Lissabon, setzten Werftarbeiter gemeinsam mit der Stammcrew der „Sagres" die Masten und brachten die Rahen auf. Auch die Wiederherstellung der historischen Inneneinrichtung gelang im Arsenal – peinlich genau überwacht von den Marinehistorikern des berühmten Schifffahrtsmuseums von Belem.

Eagle

Herkunftsland	USA
Typ	Bark
Länge über alles	89,92 m
Breite	11,92 m
Tiefgang	4,88 m
Deplacement	1816,00 ts
Masthöhe	44,90 m
Segelfläche	2065,00 qm
Anzahl Segel	23
Kadetten	150
Stammbesatzung	50
Maschine	1000 PS
Geschwindigkeit uM	10,00 kn

Von einer merkwürdigen Verlosung berichtet Kapitän d. R. Harold B. Roberts in seinen Erinnerungen: Um die deutschen Segelschulschiffe gerecht unter den alliierten Siegermächten zu verteilen, hatte man sich auf das Ziehen von Losen geeinigt. Es kam, wie es kommen musste, weder die Amerikaner waren mit ihrem Ergebnis zufrieden, sie hatten die beiden riesigen Viermastbarken „Padua" und „Komodore Johnsen" gewonnen, noch die Russen, die die „Horst Wessel" gezogen hatten. Einzig die Engländer konnten mit der „Albert Leo Schlageter" leben, die sie gleich an Brasilien weitergeben wollten.

Hinterlistig fragte der Leiter der U.S.-Delegation, ob die große Sowjetunion denn mit dem kleinen Schiff glücklich sei, denn seine Regierung sei sicherlich bereit im Rahmen der Waffenbrüderschaft die beiden großen (und teuren !!) Segler abzutreten und sich mit der kleinen „Horst Wessel" zu begnügen. Man wolle als Juniorpartner der Allianz in Europa da gerne zurückstehen. Prompt fiel der russische Abgesandte darauf herein und tauschte heimlich sein Los mit dem Amerikaner, der die Schiffe vorher besichtigt und sich bereits für die „Horst Wessel" entschieden hatte.

Die moderne Bark entsprach in allem den Vorstellungen der Coast Guard, die endlich auf einem großen Segelschulschiff ihre Midshipmen ausbilden wollte. Allerdings, ganz ungeschoren kam die amerikanische Delegation auch nicht davon, berichten doch Zeitzeugen, dass man glaubte, mit der Wessel auch die halbfertige „Herbert Norkus" zu ergattern – die hatten die Engländer jedoch bereits, mit Gasmunition beladen, in der Nordsee versenkt.

Noch vor der nicht ganz reibungslosen Überführungsreise, auf der die deutsche Crew den neuen Besitzern Nachhilfeunterricht im Windjammer-Segeln gab, wurde sie unter dem traditionsreichen Namen „Eagle" am 15. Mai 1946 in Bremerhaven feierlich in Dienst gestellt.

Das Segelschulschiff der ebenso gefürchteten wie bewunderten U.S.-Coast Guard ist der siebte „Cutter" mit dem Namen „Eagle" in Amerikas ältester maritimer Organisation. Alle Schiffe der Coast Guard werden unabhängig von ihrer Größe als Cutter bezeichnet.

Seit 1876 werden in Connecticut die Offiziere und Mannschaften der militärisch organisierten Coast Guard ausgebildet. Mit neun Kadetten auf dem ersten Schulschiff, dem Cutter „Dobbin", einem Schoner, begann alles. Heute bewerben sich mehr als 6000 Kandidaten, nur 290 überstehen die schwere Aufnahmeprüfung. Die meisten davon stehen die überaus harte, intellektuell und körperlich stark fordernde Ausbildung erfolgreich durch.

Einer der angenehmsten Abschnitte ist der Törn auf der „Eagle". Die mehrmonatigen Reisen führen häufig in die Karibik, bis hinunter nach Brasilien und Argentinien. Nach Europa lässt das zuständige Ministerium den Kurs meist dann absetzen, wenn irgendwo eines der großen Windjammer-Treffen stattfindet oder besondere Jubiläen gefeiert werden. Zusätzlich läuft die „Eagle" meist noch zu einem Kurztörn mit den Kadetten der 2. und 4. Klasse im Herbst aus. Einfach ist das Leben an Bord für die Kadetten trotzdem nicht. Der Borddienst sieht auf dem Dreiwachenschiff wenig Freizeit vor, müssen doch neben dem Wachdienst noch Unterricht besucht und Hausaufgaben bewältigt werden. Die „Eagle" ist bestimmt eines der „trockensten" Segelschiffe auf den Ozeanen der Welt. Nicht einmal den Nationalfeiertag zelebriert man mit einem Glas Champagner, auch nicht in der Offiziersmesse. Das Reglement verbietet aus Sicherheitsgründen auch den kleinsten Schluck Alkohol.

Das Anpassen des Schiffes an die Erfordernisse einer modernen Ausbildung erforderte vielfältige Umbauten. Trotzdem erinnert im Inneren noch einiges an die alte „Horst Wessel". Im Kommandantenbereich ist die alte Admiralskabine noch erhalten, irgendwo sollen sich auch hölzerne Namensschilder noch an Bord befinden. Auf dem originalen Ruderkranz findet sich, hinter einem kleinen Messingschild verborgen, die alte Gravur des ursprünglichen Schiffsnamens.

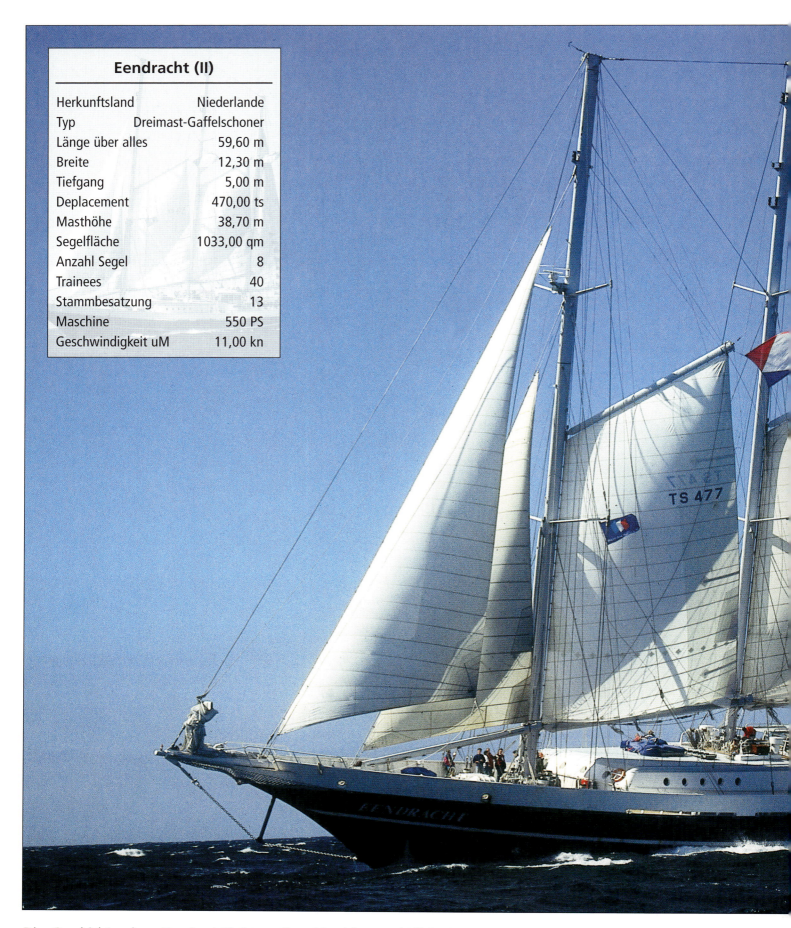

Eendracht (II)	
Herkunftsland	Niederlande
Typ	Dreimast-Gaffelschoner
Länge über alles	59,60 m
Breite	12,30 m
Tiefgang	5,00 m
Deplacement	470,00 ts
Masthöhe	38,70 m
Segelfläche	1033,00 qm
Anzahl Segel	8
Trainees	40
Stammbesatzung	13
Maschine	550 PS
Geschwindigkeit uM	11,00 kn

Die Geschichte der „Eendracht" ist lang: Sie beginnt bereits um 1910. Exemplarisch zeigt sie den Bedeutungswandel der Segelschulschiffe im Spannungsfeld zwischen traditioneller seemännischer Ausbildung und der Reduzierung auf die Fähigkeit, die „Maschine" Schiff bedienen zu können. Standen ursprünglich Ausbildungssorgen um die Qualität der Schiffsoffiziere im Vordergrund, so dominieren heute psychosoziale Ziele wie Erziehung zur Toleranz, Völkerverständigung, Teamgeist, Charakterbildung und Einüben sozialen Verhaltens. Nach Kriegsende stellte sich 1918 die Frage, welches Schiff kaufen – 648 000 Gulden hatte man dafür zunächst eingeplant. Von Fachkommissionen untersucht wurden u. a. die zum Verkauf angebotene Vier-

An einen Neubau war wieder nicht zu denken. Nur 600 000 Gulden standen für Anschaffung und Umbau zur Verfügung.

Erst 1968/70 kam die Diskussion wieder in Gang. Der neue Name „Nationale Vereinigung – das segelnde Seeschiff", neue Mitglieder, die neuen großen Dreimastgaffelschoner der STA „Malcom Miller" und „Winston Churchill" sowie die Tall Ships' Races mit ihrer völkerverbindenden Wirkung veränderten das Klima.

Eines der namhaftesten Konstruktionsbüros, de Vries, konnte gewonnen werden. Die Universität Delft führte die Schleppversuche in ihrem berühmten Tank kostenlos durch. Das Ergebnis der Versuche war ein 32,2 m langer Zweimastgaffelschoner mit ausgezeichneten Segeleigenschaften, 220 t groß, 947 m² Segelfläche. Noch namenlos streckte die Amsterdamer Camenga Werft am 29. Mai 1973 den Kiel des Seglers, den Prinz Bernhard am 1. Juni 1974 auf den Traditionsnamen „Eendracht" taufte.

Im Verlauf der Jahre zeigte sich jedoch, dass ein Jugendsegler mit 26 Traineekojen auf Dauer nicht wirtschaftlich zu betreiben war. Die Lösung sahen alle Verantwortlichen nur in einem größeren Neubau.

Den Auftrag erhielt einer der berühmtesten Yachtbauer der Welt, die Damen-Werft in Gorinchem. 10 Millionen Gulden hatte die Stiftung bereits gesammelt, die jedoch nicht mehr ausreichten, die gestiegenen Ansprüche an Sicherheit und Komfort zu befriedigen. Ohne die zusätzlichen „Naturalspenden" vieler Firmen hätte es wahrscheinlich die „Eendracht II" nie gegeben.

Fast genau 25 Jahre nach der ersten „Eendracht" wurde der Nachfolger am 29. August 1989 durch Königin Beatrix getauft. Kompromisslos auf Sicherheit, Schnelligkeit und Komfort gebaut, gehört der riesige 3-Mast-Gaffelschoner inzwischen zu den erfolgreichsten Schiffen bei den alljährlichen „Cutty Sark Tall Ships' Races". Die Segelreviere sind allerdings die alten geblieben: Nord- und Ostsee im Sommer und die Kanarischen Inseln im Winter, manchmal auch die Karibik.

mastbark „Viking" (liegt heute in Göteborg) und das deutsche Segelschulschiff „Kronprinzessin Cecilie" (zwischenzeitlich gesunken) – ohne dass man zu einem Ergebnis kam. Trotz des Beginns des 2. Weltkriegs gingen die Planungen 1940 weiter.

Noch heute liegen Konstruktionspläne aus dem Jahr 1941 für eine elegante, 96 m lange Viermastbark mit 3812 m² Segelfläche in den Archiven der Stiftung. Krieg und die politischen Veränderungen verhinderten jedoch die Realisierung.

Esmeralda	
Herkunftsland	Chile
Typ	Barkentine
Länge über alles	113,00 m
Breite	13,11 m
Tiefgang	7,00 m
Deplacement	3673,00 ts
Masthöhe Großmast	48,50 m
Segelfläche	2870,00 qm
Anzahl Segel	29
Kadetten	102
Offiziere	19
Stammbesatzung	227
Maschine	2000 PS

Eigentlich sollte dieses Schiff unter dem Namen „Juan d´Austria" Spaniens betagte „Juan Sebastian d´ Elcano" ersetzen, doch aus heute nicht mehr nachvollziehbaren Gründen stornierte die spanische Marine den Auftrag. Den halbfertigen Rumpf übernahm 1951 die chilenische Marine. Seit dem 15. Juni 1954 segelt die riesige Barkentine unter dem Traditionsnamen „Esmeralda". Mehr als 400 Häfen hat sie seitdem angelaufen, an der „Operation Sail" der Jahre 1964, 1976, 1989, 2000 teilgenommen, ebenso an der „Osaka World Sail" sowie recht erfolgreich an den „Cutty Sark Tall Ships´ Races" 1964, 1976, 1982, 1990, 1992. Kaum ein Segelschulschiff unternimmt längere Ausbildungsreisen, sechs Monate und 18 000 sm sind keine Seltenheit. Seit 1818 ist der Name „Esmeralda" eng mit der Geschichte Chiles verknüpft. In jenem Jahr versuchte die Besatzung eines chilenischen Schiffes im Unabhängigkeitskrieg die spanische Fregatte „Esmeralda" zu entern.

Erst zwei Jahre später gelang es Admiral Lord Thomas Cochrane in

Callao die chilenische Flagge endgültig zu hissen. Die zweite „Esmeralda" baute eine britische Werft nach dem Ende des spanisch-chilenischen Krieges. Während des peruanischen Unabhängigkeitskrieges eroberte ihre tapfere Mannschaft die Korvette „Covadonga". 1879, während des „Krieges am Pazifik" blockierten sie gemeinsam den wichtigen Salpeterhafen Iquique. Die vereinigten bolivianisch-peruanischen Streitkräfte waren allerdings zu stark: nach vier Stunden hartem Kampf sank die „Esmeralda" mit wehender Flagge.

Auch das nächste Schiff unter diesem Namen ging in die Geschichte ein. Nach einigen Jahren im Dienste Chiles verkaufte die Marineleitung den Kreuzer an Japan, das ihn in der berühmten Seeschlacht von Tsushima einsetzte. Auch das vierte Schiff mit dem Namen „Esmeralda" war ein Kreuzer, Nummer fünf eine Fregatte zur U-Boot-Bekämpfung – die gegenwärtige ist nun wieder ein Segelschiff. Man hatte eingesehen, zur Ausbildung von Marineoffizieren gibt es nichts Besseres.

Europa

Herkunftsland	Niederlande
Typ	Bark
Länge über alles	56,00 m
Breite	7,45 m
Tiefgang	3,90 m
Deplacement	303,00 ts
Masthöhe	36,00 m
Segelfläche	1250,00 qm
Anzahl Segel	22
Trainees	50
Tagesgäste	100
Stammbesatzung	10
Maschine	2 x 365 PS

Fryderyk Chopin

Herkunftsland	Polen
Typ	Brigg
Länge über alles	55,50 m
Breite	8,50 m
Tiefgang	3,60 m
Deplacement	450,00 ts
Masthöhe	37,00 m
Segelfläche	1225,00 qm
Anzahl Segel	23
Studenten	42
Stammbesatzung	8
Maschine	400 PS
Geschwindigkeit uM	11,00 kn

Inspiriert von den Erfahrungen an Bord der Barkentine „Pogoria" brachte Polens Ausnahmesegler Krzysztof Baranowski mehr als 6 Millionen DM (ca. 3 Mio. Euro) auf.

Unter der Flagge der Vereinten Nationen wollte er mit Schülern aus verschiedenen Ländern und ihren Lehrern als „Class Afloat" die Welt umsegeln. Der Entwurf des neuen Schiffes, einer Brigg, kam wieder aus dem Konstruktionsbüro des berühmten Schiffbauers Zygmunt Chorén.

Die Jungfernfahrt der „Fryderyk Chopin" führte gleich zur Columbus-Regatta nach Cadiz und von dort weiter über die Kanarischen Inseln, nach Puerto Rico, New York und zurück nach Europa. Die Finanzierung der Jugendreisen gestaltete sich weit schwieriger als erwartet, so dass

Nur wenige Schiffe erregen so viel Aufmerksamkeit wie diese kleine Bark, deren perfekte Linien und Proportionen nicht nur jeden Shipslover beeindrucken.

Bereits 1911 lief die heutige „Europa" unter dem Namen „Senator Brockes" als motorloses Feuerschiff vom Stapel. Als Feuerschiff „Elbe 4" und Lotsenstation auf der Elbe, sowie „Elbe 3", und „Elbe 2" war sie nahezu ohne Unterbrechung bis 1977 im Einsatz.

Ab 1975 ersetzten Großtonnen bzw. automatische Stationen die kostenintensiven Feuerschiffe. Für den Schrottpreis von 30 000 DM wechselte auch die altehrwürdige „Senator Brockes" den Besitzer. Die alten Feuerschiffe hatten alle Segelschiffrümpfe, so begann auch der Hamburger Käufer 1986 mit dem Umbau zum echten Windjammer, war aber total überfordert.

Der Niederländer Harry Smit, der bereits Erfahrung hatte beim Aufbau von Segelschiffen, griff 1987 zu. Er investierte 5 Millionen Gulden und hatte 1994 eines der schönsten Charterschiffe der Welt vollendet. Unter Deck versetzen aus Wracks ausgebaute dunkle Mahagonivertäfelungen und viel Messing in die Zeit der alten Rahsegler. Seitdem ist die „Europa" weltweit im Einsatz, umrundete die Welt und passierte sogar Kap Horn.

mit Chartertörns Geld verdient werden musste. Inzwischen gehört der schnittige Rahsegler der „Akademie unter Segeln-Universität Europäischen Rechts und Verwaltung". Mit deutschen Schülern startet inzwischen die „Thor Heyerdahl" von Kiel aus zu solchen Unterrichtsprojekten.

Keine 50 Jahre sind vergangen, da segelten jedes Jahr von Portugal dutzende großer Schoner und Barkentinen zu den reichen Fischgründen der Grand Banks südlich Neufundland. Auf den Decks stapelten sich hunderte von Dories, kleinen Ruderbooten. Am frühen Morgen, gegen 4 Uhr, bestieg jeder der Fischer sein Boot und ruderte bzw. setzte sein kleines Sprietsegel, an Bord Köder und Angelleinen. Bis zum Abend musste er sein Boot bis zum Dollbord mit Dorsch gefüllt haben, sonst hatte sich der Tag nicht gelohnt. Am Abend musste der Fang noch gesalzen und gestaut werden, erst dann war Zeit für eine kurze Pause. 4-5 Monate dauerte die Fangsaison, dann waren 350 t Bacalhau an Bord und die Rückreise konnte beginnen.

Die „Gazela Primeiro", so hieß die Barkentine, als sie noch unter portugiesischer Flagge segelte, machte 1969 ihre letzte Fangreise, dann mussten ihre Eigner das uneingeschränkt seetüchtige Schiff auflegen. Segelschiffe, auch die mit Hilfsmotor, waren einfach nicht mehr wirtschaftlich. Bis auf drei wurden damals alle abgewrackt. Die „Gazela", der letzte hölzerne Segler, lag auf.

Seine Zukunft war mehr als ungewiss. Nun suchte zu dieser Zeit Philadelphias Schifffahrtsmuseum einen echten Windjammer mit Holzrumpf. Weltweit gab es kein solches Schiff, das zum Verkauf stand, nicht einmal ein halbverfallener Rumpf in einem vergessenen Hafen war bekannt, mit

Gazela of Philadelphia	
Herkunftsland	USA
Typ	Grandbanks-Barkentine
Länge über alles	53,95 m
Breite	7,92 m
Tiefgang	5,18 m
Deplacement	652,00 ts
Masthöhe	28,65 m
Segelfläche	1021,93 qm
Anzahl Segel	13
Fischer	35
Stammbesatzung	5
Maschine	180 PS
Geschwindigkeit uM	7,00 kn

einer Ausnahme: die „Gazela Primeiro", die im Norden Portugals, in Aveiro, vor sich hin dämmerte. Bereits am 24. Mai 1971 nahm die „Gazela" auf dem klassischen Weg, Kanarische Inseln, Passat-Region, Puerto Rico, Kurs auf ihren neuen Heimathafen Philadelphia. Finanziert wurde der Kauf durch die großzügige Spende des großen Mäzens William Wikoff.

Bald schon begannen umfangreiche Restaurierungsarbeiten im Trockendock in Norfolk, die selbst der heimtückische Anschlag eines Brandstifters 1973 nicht aufhalten konnte. 1976 war sie soweit wieder hergestellt, dass sie am letzten Abschnitt des Bicentennial Race von Bermuda nach Rhode Island teilnehmen konnte. Doch das Pech blieb dem Schiff treu. Zwischen „Christian Radich" und „Mircea" eingeklemmt („sandwiched"), verlor sie einen großen Teil des Riggs – kein Gedanke mehr an eine Regatta. In Windeseile baute man im „Mystik Seaport"-Museum einen neuen Mast, der in Newport gesetzt wurde, so dass der Teilnahme an der größten Windjammer-Parade, die New York bis heute gesehen hatte, nichts mehr im Wege stand. Jahr für Jahr wird seitdem das Schiff Stück für Stück restauriert, im Winter 2002 z.B. war das Deck an der Reihe.

Kein Zweifel, falls nichts ganz Unvorhergesehenes geschieht, wird der letzte hölzerne Grand-Banks-Fischer auch noch den Urenkeln der letzten Fischer von der Arbeit der Großväter berichten können.

Mit seinen perfekten Proportionen gehört die „Georg Stage", das kleinste Vollschiff der Welt, bestimmt zu den schönsten Segelschiffen. Der tiefschwarze Stahlrumpf kontrastiert perfekt mit dem glänzenden Messing der Beschläge und dem tiefen Leuchten alten Mahagonis.

Die Erziehung an Bord ist wesentlich konservativer als auf anderen Segelschulschiffen. Alle Kadetten, Jungen und Mädchen zwischen 15 und 18, tragen Uniform, schlafen in Hängematten und sind für die gesamte Instandhaltung verantwortlich. Zusätzlich zu ihren Pflichten als Seemann kommen noch tägliche Unterrichtsstunden und Prüfungen an Bord.

Die „Georg Stage" liegt im Winter abgetakelt in Kopenhagen und wird erst im Frühjahr von den Kadetten wieder aufgeriggt, bevor sie auf Trainingsfahrten, meist in Nord- oder Ostsee geht.

George Stage

Herkunftsland	Dänemark
Typ	Vollschiff
Länge über alles	54,00 m
Breite	8,00 m
Tiefgang	3,90 m
Deplacement	281,00 ts
Masthöhe Großmast	31,00 m
Segelfläche	800,00 qm
Anzahl Segel	20
Kadetten	63
Offiziere	6
Stammbesatzung	4
Maschine	200 PS

Sie sind einander so ähnlich wie siamesische Zwillinge, die beiden Schulschiffe der schwedischen Marine „Falken" und „Gladan". Lediglich an der Segelnummer lassen sie sich von weitem unterscheiden: Gladan trägt S – 01, Falken S – 02. Bei der Ausbildung des Offiziers- und später auch des Unteroffiziersnachwuchses an Bord von Segelschulschiffen blickt die schwedische Marine auf eine lange Tradition zurück. So bewilligte der schwedische Reichstag am 12. Januar 1946 1.5 Mio. Kronen , um die beiden betagten Segelschulschiffe „Jarramas" und „Najaden" durch Neubauten zu ersetzen.

Bereits am 28. Mai 1946 erfolgte auf der Stockholmer Marinewerft (Ørlogs-Varv) die feierliche Kiellegung für die „Gladan", ein Jahr später, am 2. Juni 1947, die Übergabe an die Marine. Der Bau der „Falken" (14. November 1946) begann unmittelbar nach dem Stapellauf der „Gladan" nach identischen Plänen auf derselben Helling; am 1. Oktober 1947 konnte die Marine ihren neuen, zweiten, Schoner übernehmen. Seit dieser Zeit

segeln die beiden Schwesterschiffe mit Offiziersanwärtern und Wehrpflichtigen in Ost- und Nordsee. Um Handelsschiffsoffiziere auszubilden charterte die Rydberg-Stiftung die „Falken" 1952/53. Auch heute noch nimmt die Marine im Auftrag dieser Stiftung an der Seefahrt interessierte Jugendliche für ca. 1 Monat an Bord.

Nur wenige „Cutty Sark Tall Ships' Races" wurden ohne die beiden „siamesischen Zwillinge" ausgetragen, viele hervorragende Platzierungen waren der Lohn. Außergewöhnliche Ehrungen wurden der „Gladan" zuteil: Zweimal verlieh ihr die STA-Flotte ihre höchste Auszeichnung, die „Cutty Sark Trophy – für internationale Zusammenarbeit" (Silbermodell des Klippers).

Probleme verursachten Sparmaßnahmen ab 1975. Abwechselnd wurde jedes Jahr ein Schiff aufgelegt. Es stellte sich jedoch heraus, dass die Wiederinbetriebnahme teurer war, als die kontinuierliche Nutzung und Pflege der beiden Schoner. 1977 brannte bei diesen routinemäßigen Überholungsarbeiten die „Falken" fast vollständig aus. Nur der intensiven Überzeugungsarbeit vieler ehemaliger Kadetten ist es zu verdanken, dass die Marineleitung die Restaurierung genehmigte. Vielleicht hat auch die Fürsprache von König Karl Gustav geholfen, der sechs Wochen auf der „Falken" ausgebildet worden war (eine große Holztafel mit seiner Unterschrift auf der Steuerbordseite erinnert daran). Noch heute segelt er regelmäßig mit seiner Familie abwechselnd auf einem der beiden Schiffe. Die Zukunft der beiden Windjammer scheint gesichert, wenn auch die Aufgaben sich etwas ändern: geplant sind u. a. Segeltörns mit integrierten Seminaren für Stabsoffiziere sowie Reisen mit Jugendlichen, ähnlich wie dies die portugiesische Marine mit der „Creoula" tut.

Gladan & Falken

Herkunftsland	Schweden
Typ	2-Mast-Gaffelschoner
Verwendung	Segelschulschiff
Länge über alles	39,30 m
Breite	7,20 m
Tiefgang	4,20 m
Deplacement	220,00 ts
Masthöhe	31,40 m
Segelfläche	680,00 qm
Anzahl Segel	9
Kadetten	38
Stammbesatzung	15
Geschwindigkeit uM	11,00 kn

Gloria

Herkunftsland	Columbien
Typ	Bark
Länge über alles	76,00 m
Breite	10,60 m
Tiefgang	4,85 m
Deplacement	1300,00 ts
Masthöhe Großmast	40,00 m
Segelfläche	1400,00 qm
Anzahl Segel	26
Kadetten	80
Ausbilder	5
Stammbesatzung & Offiziere	70
Maschine	530 PS

Wie alle Segelschulschiffe lateinamerikanischer Länder ist die „Gloria" häufiger und gern gesehener Gast in europäischen Häfen. Die Regierung Kolumbiens nutzt den Rahsegler intensiv, um für das Land zu werben: Seit 1975 leuchten uralte Goldschätze des Nationalmuseums aus edelholzverkleideten Vitrinen in der Offiziersmesse. Ein Teil dieser Sympathiewerbung ist das prächtige Schauspiel beim Einlaufen in befreundete Häfen: am Heck die riesige, mehrere hundert Quadratmeter große Nationalflagge, auf den Rahen die in den Nationalfarben gekleidete, winkende Crew und große Lautsprecher an Deck, feurige südamerikanische Märsche schmetternd.

Seit ihrer Indienststellung 1968 legte sie mehr als 400000 Seemeilen zurück, besuchte fast 300 Häfen, darunter 1989 auch Hamburg.

Die „Gloria" ist das erste einer Serie von Segelschulschiffen, die nach dem Kriege für lateinamerikanische Staaten in Spanien nach dem Vorbild der ersten „Gorch Fock" auf Kiel gelegt wurden. Allerdings erhielten alle diese Schiffe eine „Dampfer"-Brücke, die neben einem Ruderstand die Navigationsräume und die umfangreiche Funkstation aufnimmt.

Greif	
Herkunftsland	Greif
Typ	Schoner-Brigg
Länge über alles	41,10 m
Breite	7,60 m
Tiefgang	3,60 m
Deplacement	280,00 ts
Masthöhe Großmast	32,00 m
Segelfläche	570,00 qm
Anzahl Segel	15
Trainees	30
Offiziere	5
Stammbesatzung	8
Maschine	233 PS

Die „Greif" ist bis heute das Symbol der maritimen Tradition Mecklenburg-Vorpommerns. Sie war der erste Stahlschiffsneubau der Warnemünder Warnow-Werft. Das „Schiff der Jugend" wurde durch „freiwillige" Spenden aus der ganzen DDR finanziert. Zu seinem 75. Geburtstag sollte Wilhelm Pick (erster Staatspräsident der DDR) diese Brigantine als Geschenk erhalten. Eine „Staatsyacht" für einen Arbeiterpräsidenten, dies war weder der Bevölkerung im Binnenland noch dem volkstümlichen Präsidenten zu vermitteln, zumal die Massenorganisation FDJ nur zwei kleine Kutter besaß.

Von ihm kam die rettende Idee, keine Yacht, sondern ein Schulschiff zu bauen, das nach den Geburtstagsfeierlichkeiten der „Freien Deutschen Jugend" übereignet wird. Bereits ein Jahr später wechselte die Brigantine erneut den Besitzer. Unter dem Namen „Wilhelm Pick" erhielten im Auftrag der GST (Gesellschaft für Sport und Technik) bis zum Ende der DDR mehr als 6000 Jugendliche eine militärische Vorausbildung an Bord. Die Reisen, meist in der Ostsee, führten ins befreundete sozialistische Ausland, die längste, über 8000 sm, ins Schwarze Meer. Nach den Wirren der „Wende", in denen sogar der Verkauf diskutiert wurde, gelang es der Stadt Greifswald schließlich eine gründliche Überholung (1991) zu finanzieren, einen Trägerverein zu gründen und den weißen Segler unter dem neuen Namen „Greif" dauerhaft als Imageträger für die alte Hansestadt zu sichern.

Großherzogin Elisabeth

Herkunftsland	Deutschland
Typ	Gaffel-Schoner
Länge über alles	63,70 m
Breite	8,23 m
Tiefgang	3,10 m
Vermessung	489 BRT
Masthöhe Großmast	33,50 m
Segelfläche	850 qm
Anzahl Segel	13
Trainees	40
Offiziere	6
Stammbesatzung	12
Maschine	400 PS

„Ariadne" war unter ihrem „Entdecker" Kapitän Paschburg einer der ersten Großsegler, auf denen Windjammerfans bereits in den 70er Jahren „anheuern" konnten. Er fand sie 1973 in ziemlich marodem Zustand in einem schwedischen Hafen. Dort verwandelte er sie wieder in einen Segler und optimierte sie für Törns mit Passagieren. Nachdem er wenige Jahre später sein Herz an die „Sea Cloud" verlor, verkaufte er den Gaffelschoner. Ein engagierter Reeder, Horst Jansen aus Elsfleth, ein begeisterungsfähiger Landkreis und die Seefahrtsschule Elsfleth bestimmten ab 1982 den weiteren Weg des Veteranen. Unter dem neuen Namen „Großherzogin Elisabeth" dient sie nun während der Semesterzeiten den Seefahrtsstudenten als Wohnheim, im Sommer segelt sie mit Trainees in Nord- und Ostsee. Heute soll sie maritime Traditionen bewahren, 1909, z. Zt. ihrer Erbauung, war sie eines der modernsten Schiffe Europas. Sie erhielt einen damals noch recht unüblichen Dieselmotor (160 PS) als Flautenschieber.

Gunilla	
Herkunftsland	Schweden
Typ	Bark
Länge über alles	61,00 m
Breite	8,23 m
Tiefgang	2,97 m
Vermessung	405 BRT
Masthöhe	49,40 m
Segelfläche	1040,00 qm
Anzahl Segel	20
Gäste	38
Tagesgäste	50
Stammbesatzung	10
Maschine	450 PS

Ein wechselvolles Leben liegt hinter Schwedens größtem Segelschiff und eine faszinierende Zukunft vor ihm. 1940 als Dreimast-Bermuda-Schoner gebaut, lag das Schiff bis Kriegsende beschäftigungslos auf. Der knappe Schiffsraum bescherte auch dem eigentlich damals schon veralteten Schoner einen kurzen Beschäftigungsschub, doch bereits 1954 musste man durch das Einsetzen eines 8 m langen Zwischenstücks versuchen, die Wirtschaftlichkeit zu verbessern. Irgendwann wurden die Masten nur noch genutzt um Ladebäume anzuschlagen, aber nicht mehr um Segel zu setzen. In den Luken verschwand alles, was irgendwohin im Ostseeraum zu transportieren war: Getreide ebenso wie Autos, Erz oder Baustoffe.

Die Zukunft begann 1997 mit dem Umbau zum schwimmenden Klassenzimmer. Aus verwahrlosten Laderäumen wurden hochmoderne Unterrichtsräume, bestückt mit den modernsten Computern, und bequeme Kammern für die max. 38 Schüler und Lehrer. Das moderne Rigg zeichnete Alan Palmer, ein weltbekannter Fachmann von den Ålandinseln.

Um den Schulklassen die ausgedehnten Studientörns zu ermöglichen, sind natürlich auch die Eigner der „Gunilla" gezwungen, zusätzliche Einnahmequellen anzuzapfen. So findet man die Bark regelmäßig bei der Kieler Woche und ähnlichen maritimen Veranstaltungen mit Chartergästen.

Die regelmäßigen Unterrichtsfahrten dieses weltweit einzigartigen Unterrichtskonzepts dauern meist mehrere Monate. Sie führen von Europa auf den unterschiedlichsten Routen in die Karibik und weiter nach Südamerika. Dort werden von den Schülern langfristige, sozial oder ökologisch ausgerichtete Projekte durchgeführt. Die professionelle Crew, erfahrene Nautiker der Handelsmarine oder ehemalige Offiziere der schwedischen Segelschulschiffe betreuen zusammen mit den mitreisenden Lehrern die Schüler und deren Projekte. Ergeben sich zwischen zwei Projekten Lücken, so können diese mit ähnlichen Vorhaben für „erwachsene Studenten" gefüllt werden.

Hjorten

Herkunftsland	Schweden
Typ	Galiot (Postsegler)
Länge über alles	18,50 m
Breite	4,00 m
Tiefgang	2,20 m
Deplacement	50,00 ts
Segelfläche	130,00 qm
Anzahl Segel	6
Gäste	5
Tagesgäste	20
Stammbesatzung	3
Maschine	80 PS
Geschwindigkeit uM	10,00 kn

Vor fast vierhundert Jahren konnte man die Ostsee fast als ein schwedisches Binnenmeer bezeichnen: Finnland, Karelien, das Gebiet des späteren St. Petersburg, große Teile des Baltikums, Ostpreußens und Pommerns wurden von Stockholm aus regiert. Dies konnte nur gelingen, weil Nachrichten schnell und sicher von einem Ende des Riesenreiches übermittelt wurden. Für König Gustav Adolf war es sogar überlebenswichtig, seit 1630 kämpfte er mit seinem schlagkräftigen Heer auf der Seite der Protestanten gegen die kaiserlichen Truppen Wallensteins auf dem Boden des Deutschen Reiches fern seiner Heimat. 1631 schuf er das Amt des Oberpostmeisters, der zunächst von Frankfurt am Main aus das schwedische Postwesen organisierte.

Nach dem für Schweden so vorteilhaften Friedensvertrag von Münster und Osnabrück (1648) reichte seine Macht bis Verden an der Aller unter Einschluss praktisch der gesamten deutschen Ostseeküste. Dadurch verschoben sich auch innerhalb Schwedens die Gewichte. Die Flotte, bisher im nicht eisfreien Stockholm konzentriert, benötigte nun einen Hafen, der zumindest im Spätherbst und Frühjahr nicht durch Eis blockiert war und von dem die neuen Gebiete schnell erreichbar waren.

Die Wahl fiel auf die südöstlichste Spitze der Provinz Blekinge, die einerseits nicht zu weit von Stockholm entfernt war und andererseits gute Verbindungen in die deutschen Ostseebesitztümer versprach. 1680

erteilte König Karl XI. den Befehl zum Bau des neuen Marinehafens. Dank seiner Lage und den guten Erfahrungen, die man mit den beiden kleinen Postschiffen „Posthornet" und „Måsen" (Möwe) gemacht hatte, wurde Karlskrona neben Ystad zum Zentrum der Seepostverbindungen. 1692 war es dann soweit, Francis Sheldon, der jüngste aus einer alten Schiffbauerfamilie erhielt den Auftrag, eine ca. 50 Fuß lange „Jagt" zu bauen: „für hohe als auch niedere

Passagiere, und mit großen Luken für zwei bis vier Pferde ... zum Preise von 1500 Silbertalern". Die im Schwedischen Reichsarchiv vorzüglich konservierten Pläne dieses Schiffes bildeten zusammen mit den Baubeschreibungen die Grundlage des schmucken hölzernen Nachbaus. Selten konnte man auf so detaillierte Unterlagen zurückgreifen wie hier. Die Museumsleute mussten trotzdem viele der alten Techniken „neu erfinden", sollte doch auch der Neubau historisch

getreu die Strecke zwischen Karlskrona, bzw. Ystad unter Segeln in weniger als 24 Stunden zurücklegen.

Umstritten ist allerdings, wie das Postschiff zu bezeichnen ist. Alte Quellen sprechen häufig von einer „Jagt", worunter man aber heute meist ein einmastiges Fahrzeug versteht. Viele Historiker glauben daher, mit dem Begriff „Galiot" diesen Anderthalbmaster mit seinem runden Bug besser charakterisieren zu können. Bald war man sich einig, dass der Bau dieser Replik nach dem Ende des Kalten Krieges kein rein schwedisches Projekt sein könne, und führte Gespräche mit den deutschen Vertretern der einstigen Besitzungen auf der anderen Seite der Ostsee. Rostock, das sich bereits durch einige gelungene Hanse-Sail-Veranstaltungen und sein Engagement für traditionelle Segelschiffe ausgezeichnet hatte, wurde der gesuchte Partner. Sogar die „Deutsche Post" machte mit und druckte 1998 eine Sondermarke mit dem Bild der „Hjorten" samt der einstigen Poststrecke von Ystad nach Stralsund. Im Mai 1999 war es dann soweit. Zusammen mit dem Schoner „Gladan" lief die „Hjorten" zum ersten Mal das einstmals schwedische Warnemünde an. Seitdem ist sie regelmäßiger und gerngesehener Gast- und Namensgeber der inzwischen so berühmten jährlichen „Hjorten-Races" zwischen Karlskrona und Rostock-Warnemünde zur Hanse-Sail im August.

Iskra (II)

Herkunftsland	Polen
Typ	Barkentine
Länge über alles	49,00 m
Breite	8,00 m
Tiefgang	3,50 m
Deplacement	498 ts
Masthöhe	30,20 m
Segelfläche	1035,00 qm
Anzahl Segel	15
Kadetten	45
Lehrer	5
Stammbesatzung	16
Maschine	310 PS

Die erste „Iskra" war ein wunderschöner holländischer Schoner. Der im Jahre 1917 in Vlissingen gebaute Dreimaster, mit einer Länge von 41 m und einer Breite von 7,88 m sowie 693 m² Segelfläche überdauerte viele Kadettengenerationen. Nach einer Dienstzeit von fast 50 Jahren (1928-1977) in der polnischen Marine suchte man einen modernen Ersatz, der bei ähnlichen Abmessungen mehr als die bisher 30 Kadetten aufnehmen konnte und damit wirtschaftlicher zu betreiben war.

Die Lösung des Problems war die „Pogoria". Eine 1980 gebaute Barkentine für polnische Jugendliche und Pfadfinder, gesponsert vom Fernsehen und Parteiorganisationen. Gleichzeitig war sie Testfahrzeug für einige Neuerungen, die der Konstrukteur Zygmunt Chorén erproben wollte, bevor er sie auf der „Dar Mlodziezy" endgültig verwandte. Die Erfahrungen mit diesem Schiff waren aber so gut, dass die Marine nicht zögerte. Sie bestellte noch 1981 ein lediglich am Heck etwas modifiziertes Schwesterschiff.

Wie sich herausstellte, hatte man keine bessere Entscheidung treffen können. Die „Iskra" überquerte inzwischen mehrfach den Atlantik, umrundete die Welt auf eigenem Kiel und überstand alle Orkane ohne nennenswerte Schäden bzw. Unfälle.

Bei den „Cutty Sark Tall Ships' Races" ist sie ständiger und gern gesehener Gast.

Jacob Meindert

Herkunftsland	Niederlande
Typ	Top-Segel-Schoner
Länge über alles	36,50 m
Breite	7,30 m
Tiefgang	2,40 m
Deplacement	142,00 ts
Masthöhe	28,30 m
Segelfläche	630,00 qm
Anzahl Segel	8
Trainees	18-27
Tagesgäste	40
Stammbesatzung	2
Maschine	260 PS

Bis zur Wasserlinie brachen Willem Sligting und seine Helfer den Schlepper „Oldeoog" auf einer Danziger Werft ab. Auf dem verbliebenen Unterwasserschiff bauten sie einen der schönsten Toppsegelschoner der großen niederländischen Charterflotte auf. Ganz im Stil der berühmten Baltimore-Klipper, auch unter Deck, gehört die „Jacob Meindert" zu den schnellsten Großseglern auf Nord- und Ostsee. Zielgruppen sind sportlich eingestellte Windjammerfans, die begeistert an den Leinen reißen und voller Ehrgeiz immer als erste im Ziel sein wollen.

Gorch Fock –

Botschafterin Deutschlands auf allen Weltmeeren

Die weiße Bark „Gorch Fock" der deutschen Marine ist als Botschafterin Deutschlands in vielen ausländischen Häfen ein vertrauter Anblick. Auch aus der Ausbildung des Führungsnachwuchses ist ein Segelschiff nicht mehr wegzudenken. Als die „Gorch Fock" vor einigen Jahren für längere Zeit zu Routinearbeiten ins Dock musste, charterte die Bundeswehr eigens die norwegische Bark „Statsraad Lehmkul", um keine Ausbildungszeit unter Segeln zu verlieren.

Dabei hatte es 1958 in Deutschland noch heftige Diskussionen gegeben, ob ein segelndes Schulschiff überhaupt notwendig wäre. Zwar war der Bauauftrag längst erteilt, doch im September 1957 war das Segelschulschiff „Pamir" untergegangen und hatte 80 Besatzungsmitglieder mit in den Tod gerissen. Und nun fürchteten viele Menschen um die Sicherheit des Marinenachwuchses. Bundestagsabgeordnete, die noch nie einen Fuß auf ein Schiff gesetzt hatten, äußerten fachliche Bedenken, und es gab eine ganze Reihe mehr oder weniger wohlgemeinter und mehr oder weniger praktikabler Vorschläge, wie das Schiff zu betreiben sei.

Es war für die Verantwortlichen in der Marine nicht leicht, die Menschen an Land von ihren fachlich fundierten Überlegungen zu überzeugen. Das erste Argument lautete, die „Gorch Fock" sei zwar ein Rahsegler, würde aber als Marineschiff keine Ladung befördern. Man nimmt bis heute an, die Ursache für den Untergang der „Pamir" sei die falsche Behandlung

der Ladung gewesen. Ein Schiff, das keine Ladung fährt, häte außerdem ungleich mehr Stabilität, als ein Frachtsegler, der nach jedem Übernehmen der Ladung andere Stabilitätsverhältnisse haben konnte. Die Schiffsführung eines Frachtseglers musste außerdem ausreichende Erfahrung in der Behandlung von Ladung haben, um beispielsweise durch Trimmen die Stabilität des Schiffes zu erhalten. Solche Vorgänge aber fallen bei einem Segelschulschiff weg, wenn es keine Ladung befördert.

Außerdem war die „Gorch Fock" nicht das erste deutsche Segelschulschiff dieser Bauart und der Untergang der „Pamir" nicht die erste Katastrophe mit einem Segelschulschiff. Im Juli 1932 war an einem Sommertag die Schonerbark „Niobe" der Reichsmarine im Fehmarnbelt in einer Gewitterböe gekentert. Nach dieser bitteren Erfahrung hatte man als Nachfolgeschiff eine Bark gezeichnet, die konsequent auf Sicherheit gebaut war. Auch seinerzeit hatte es heftige Diskussionen gegeben, ob nach dem Niobe-Unglück mit 69 Toten überhaupt sinnvoll wäre, ein neues Segelschulschiff in Dienst zu stellen. Kritiker betonten, auch in den beiden Seefahrtsnationen England und Frankreich hätte man sich längst von der Ausbildung unter Segeln verabschiedet. Doch die Marineführung setzte sich durch und Reichspräsident von Hindenburg hatte gefordert, sie nach einem der bekanntesten deutschen Seefahrtschriftsteller „Gorch Fock" zu taufen.

Nach dem Zweiten Weltkrieg wurde diese erste „Gorch Fock" an die UdSSR abgeliefert und unter dem Namen „Towarischtsch" weiter als Segelschulschiff eingesetzt. Mittlerweile ist sie wieder in deutschem Besitz und soll Museumsschiff werden. Auch ihren alten Namen „Gorch Fock" soll sie wieder erhalten.

Für den Schulbetrieb auf dem neuen Segelschiff der Bundesmarine, das nicht nur nach den geringfügig modifizierten Plänen der ersten „Gorch Fock" gebaut worden war, sondern in alter Tradition auch wieder den Namen des Finkenwerder Schriftstellers erhalten hatte, wies die Marineführung auf eine Reihe von Sicherheitsvorkehrungen hin. Das Schiff hat

die modernsten elektronischen Navigationsgeräte an Bord, es gibt Radar sowie andere elektronische Navigationshilfen und ein eigens mitfahrender Bordmeteorologe erstellt täglich den aktuellen Wetterbericht.

Aber all das vermochte die öffentliche Meinung nach dem Verlust der „Pamir" kaum zu beruhigen. Im Kreuzfeuer der Kritiker stand auch die künftige Stammbesatzung. Woher sollte sie die Qualifikation zur Führung eines solchen Schiffes haben? Auch hier blieb die Marine keine Antwort schuldig.

Als Kommandant sollte Wolfgang Ehrhardt das Schiff führen, ein Mann, der auf vier Segelschulschiffen der Vorkriegszeit gefahren war und auch die „Gorch Fock (I)" bereits kennen gelernt hatte. Der Erste Offizier konnte Fahrzeit auf der „Pamir" und „Passat" nachweisen. Zur Vorbereitung der ersten Ausbildungsfahrt ging ein Teil der künftigen „Gorch Fock"-Besatzung ein Vierteljahr zur Ausbildung auf das italienische Segelschulschiff „Amerigo Vespucci", andere wurden auf dem Segelschulschiff „Deutschland" in Bremen auf ihre künftigen Aufgaben vorbereitet.

Trotz aller Kritik blieb die Bundesmarine bei ihrer Entscheidung, ihren Führungsnachwuchs auf einem Rahsegler auszubilden, und stellte das Schiff am 17. Dezember 1958 in Dienst.

Der erste Kadettenlehrgang kam im Juli 1959 an Bord. Die neue Crew wurde einen Monat lang auf der an der Pier liegenden „Gorch Fock" ausgebildet und machte Fahrten im ruhigen Wasser der Ostsee, bevor die erste Reise begann. So lernten die jungen Männer jeden Handgriff. Das würde sich später bei Nachtfahrten und bei Sturm auszahlen. Außerdem verloren sie im Laufe der Ausbildung die Scheu vor der ungewohnten Höhe. Sie lernten, wo Geitaue und Gordinge befestigt sind, um auch nachts und in überkommendem Sturm

Die „Gorch Fock" ist ein schnelles Schiff. Scharf schneidet der Bug durch die See, wie der Blick vom Klüverbaum über die Galionsfigur nach unten zeigt. So erreicht das Schiff bei den großen internationalen Windjammer-Regatten immer wieder sehr gute Plätze.

Gorch Fock (II)

Herkunftsland	Deutschland
Typ	Bark
Länge über alles	89,32 m
Breite	12,00 m
Tiefgang	5,25 m
Deplacement	1760,00 ts
Masthöhe	45,30 m
Segelfläche	2037,00 qm
Anzahl Segel	23
Kadetten	200
Stammbesatzung	66
Maschine	660 PS
Geschwindigkeit uM	10,00 kn

zu wissen, wo diese für das Segelbergen notwendigen Leinen belegt sind. Bei strahlendem Wetter lief die „Gorch Fock" am 3. August 1958 zu ihrer ersten Ausbildungsfahrt aus. Tausende von Menschen standen an den Ufern der Kieler Förde, sie wollten sich diesen Anblick nicht entgehen lassen. Die Reise ging um Skagen und den Englischen Kanal nach Santa Cruz auf Teneriffa. Zum ersten Mal wurde eine Crew von deutschen Bundeswehrsoldaten nach dem Krieg im Ausland freundlich empfangen. Das schöne Schiff hat sicherlich viel dazu beigetragen, diese Sympathien zu gewinnen. Außerdem ist die „Gorch Fock" das friedlichste Schiff der gesamten neuen deutschen Marine. Außer einigen Gewehren sind keine Waffen an Bord, nicht einmal eine Salutkanone.

Die solide, sichere Bauart des Schiffes, seine guten Segeleigenschaften stellte die „Gorch Fock" schon bei der nächsten Reise unter Beweis. Als sie am 29. Oktober 1959 Skagen Feuerschiff umrundete, frischte der Wind auf Stärke neun auf. So erreichte das Schiff einen Tag früher als erwartet den Hafen von Aberdeen. Die Schiffsleitung lobte anschließend die guten Schwerwettereigenschaften des Schiffes. Doch im Laufe dieser Reise sollte es noch schlimmer kommen. Von Island zog ein Orkantief heran und fiel im Skagerrak über die „Gorch Fock" her. Selbst unter Sturmbesegelung lief das Schiff noch 8,5 Knoten, beidrehen konnte es nicht, das Skagerrak ist nur 60 Seemeilen breit. Bei einem derartigen Wetter ist das zu wenig Raum für Manöver mit einem Rahsegler. In solchen Wettersituationen zeigte sich nicht nur, wie stark und seetüchtig die „Gorch Fock" gebaut, sondern auch, wie schnell sie ist.

Das Aufentern ins Rigg verlangt von den jungen Kadetten Überwindung. „Wer sagte, er hätte nach dem ersten Aufentern ins Rigg keine zitternden Knie gehabt, der lügt auch sonst...", ist eine auf Windjammern häufig zu hörende Redewendung. Erst oben auf den Rahen kann man sich mit einem Geschirr sichern (links).
Viele Geräte an Bord sind aus Kupfer oder Messing. Sie müssen von der Mannschaft ständig auf Hochglanz gehalten werden. Sonst korrodieren sie in kurzer Zeit im salzigen Wasser der See (rechts).

Das erlebte die Weltöffentlichkeit auch immer wieder, wenn die vermeintlich „letzten" Segelschulschiffe sich trafen, um ihre Kräfte zu messen. Mit der Zeit wurden dies regelrechte sportliche Großereignisse, deren Auslauf- oder Einlaufparaden von Jahr zu Jahr mehr Besucher anzogen. Für die Sieger wurden Preise ausgesetzt, so wie der 1964 gestiftete „Boston Tea Pot". Er wurde an dasjenige Schiff vergeben, das während 24 Stunden die längste Meilenstrecke nachweisen konnte. Auf diesen Wanderpreis war die „Gorch Fock" geradezu abonniert. Sie errang ihn 1965, 1967, 1968, 1969 und 1984.

1964 hatte die Sail Training Association erstmalig eine Regatta von Rahseglern quer über den Atlantik ausgeschrieben. Ende Juni hatten sich auf dem Tejo acht große Rahsegler versammelt. Drei kamen aus Norwegen, je einer aus Spanien, Portugal, Argentinien, Dänemark und Deutschland. Es war zu jener Zeit eine Sensation, so viele Großsegler versammelt zu sehen. Zu ihnen sollten auf den Bermudas noch die „Eagle" der amerikanischen Coast Guard, die chilenische „Esmeralda" und die indonesische „Dewaruci" stoßen. Ziel war der Hafen von New York, wo elf Rahsegler für internationales Aufsehen sorgten. Die Zeit der ganz großen Windjammerparaden war noch nicht angebrochen.

Die „Gorch Fock"-Besatzungen erlebten während ihrer ausgedehnten Fahrten die unterschiedlichsten Klima-

Auf einem Segelschulschiff wird ganz bewusst auf moderne Technik verzichtet. Die Kadetten sollen lernen, schwere Last mit einfachen Taljen, ihrer Körperkraft und in Teamarbeit zu bewegen. Der gemeinsame Erfolg stärkt den Zusammenhalt in der Mannschaft.

zonen. Eben noch hatten sie unter den Palmen der Karibik die tropische Sonne genossen, dann wieder erlebten sie die nordische Einsamkeit mit Eisbergen.

Die Olympiade von 1972 rückte die schönen Segelschiffe in Deutschland ins Bewusstsein der Bevölkerung. Die Segelwettbewerbe waren vor Kiel-Schilksee ausgetragen worden, jener bekannten Regattastrecke, auf der auch jedes Jahr die Kieler Woche stattfindet.

Aus diesem Grunde wählte die STA Kiel als Zielhafen der „Operation Sail" und konnte sich der Aufmerksamkeit der Bevölkerung sicher sein. Sogar Bundespräsident Gustav Heinemann brach angesichts der vielen Segler in Begeisterung aus: „Das ist einmalig – so etwas habe ich noch nie gesehen!" 60 Großsegler, mit Rah- und Gaffelrigg, schälten sich gegen Mittag des 3. September 1972 aus dem Dunst der Kieler Förde heraus und steuerten den Hafen der Fördestadt an. In Kiel wehte eine leichte Brise, sie war gerade stark genug, das die Schiffe unter Segeln fahren konnten und schwach genug, um mit kleinen Booten den einsegelnden Windjammern entgegenzufahren.

Die Kieler Innenstadt war an jenem Tag wie ausgestorben, dafür standen mehr als 100000 Menschen an den Ufern der Förde und genossen das seltene Bild der einlaufenden Rah- und Gaffelsegler. Aber dies war ja nicht nur eine Schauveranstaltung, es war ja auch der sportliche Wettkampf zwischen den Schiffen. Den ersten Platz belegte die polnische Bark „Dar Pomorza", sie lief nur knapp fünf Minuten vor der „Gorch Fock" über die Ziellinie. Die Schiffe hatten aber viel mehr als nur einen sportlichen Wettkampf untereinander ausgesegelt, sie hatten sich mit ihrer Schönheit ins Bewusstsein und in die Herzen der Menschen gesegelt. Und das schöne Bild einer Förde voller Großschiffe ging über Presse und Fernsehen rund um die Welt.

Danach konnten sich die Veranstalter großer Feste in Hafenstädten sicher sein: Wenn eine Windjammer-Parade im Programm ist, dann stehen hunderttausende von Menschen an den Ufern.

So war es auch bei den Feierlichkeiten zum 200. Jahrestag der Unabhängigkeit der USA. Am 4. Juli 1976 segelten 20 Großsegler aus 16 Ländern und unzählige kleinere Küstenschoner vor der Skyline von New York auf dem Hudson River.

Doch vor der Parade hatten die Schiffe eine Regatta gesegelt, an der auch die „Gorch Fock" teilnahm. 18 Großsegler nahmen an dem Rennen teil, sie drängten sich beim Start dicht an dicht in der Bucht von Hamilton auf den Bermudas, um eine möglichst günstige Position zum Aufkreuzen zu haben, wenn der Startschuss fällt.

Die Besatzung der „Gorch Fock" unter dem Kommando von Freiherr von Stackelberg lieferte ein eindrucksvolles Manöver. Gleichzeitig mit dem Ankündigungsschuss gingen auf der „Gorch Fock" alle Stagsegel hoch. Nach dem Kommando „hart Backbord!" drehte das Schiff um 90 Grad und lag nun in Startrichtung. Mit dem Vorbereitungsschuss, vier Minuten vor dem Start, flatterten sämtliche Segel von den Rahen, die Schoten wurden dichtgeholt, die Segel angebrasst.

Das Schiff nahm Fahrt auf, die Distanz zur Startlinie wurde immer kleiner. Doch der Kommandant hatte richtig gerechnet. Noch bevor die „Gorch Fock" die Linie erreichte, fiel der Startschuss, nur zwei Minuten später rauschte das deutsche Segelschulschiff unter Vollzeug über die Startlinie.

Andere Schiffe hatten weniger Glück. Es gab vier Frühstarts, was Strafpunkte kostete, zwei Schiffe waren in der allgemeinen Hektik sogar kollidiert. Ihre gute Startposition konnte die „Gorch Fock" im Laufe der Regatta weiter ausbauen. Eine halbe Stunde später lag sie eindeutig in Führung. Die nächsten Tage brachten Flaute, dann endlich, am vierten Tag, briste es wieder auf, das Schiff nahm wieder Fahrt auf, erreichte noch am selben Tag bis zu zwölf Knoten Geschwindigkeit. Ein herrlicher Wind für einen Rahsegler!

Noch einen Tag frischte der Wind so stark auf, dass nicht nur die Royalsegel und Oberbramsegel, sondern zeitweise sogar die Bramsegel geborgen werden mussten.

Die „Gorch Fock" ging bei dieser Regatta als schnellstes Schiff über die Ziellinie. Bange wartete die Mannschaft auf die Durchsage per Funk mit dem Endergebnis. Denn die einzelnen Schiffe haben bei solchen Regatten einen Ausgleichsfaktor, in dem die unterschiedlichen Segeleigenschaften der Schiffe, ihre Rumpflänge, die Segelfläche und andere Faktoren berücksichtigt werden.

Jubel brach auf den Decks aus, als die Meldung kam: Die „Gorch Fock" hatte nicht nur nach absoluter, sondern auch nach berechneter Zeit den ersten Platz belegt.

Wieder einmal hatte die Mannschaft der „Gorch Fock" ihr hohes Können unter Beweis gestellt, und wieder einmal war es unter den Augen der Weltöffentlichkeit.

1978 hatte die „Gorch Fock" hohen Besuch an Bord. In Olpenitz kam Bundespräsident Walter Scheel an Bord. Und das nicht nur, wie so mancher Präsident vor und auch nach ihm, zu einem Tagesbesuch, er bezog für zwei Tage eine Kajüte an Bord und segelte mit dem Schiff durch die westliche Ostsee.

Das Jubiläumsjahr 1983 war ein Jahr der Bilanzen für das Segelschulschiff. Was hatte die „Gorch Fock" in den 25 Jahren ihres Dienstes erreicht? Hatte sie ihren Ausbildungsauftrag erfüllt?

Die Marineführung konnte dies nur voll bejahen. Denn über die bereits erwähnten Vorteile der Ausbildung hinaus lernten die jungen Soldaten eine gute Seemannschaft. Auf elektrische und hydraulische Hilfegeräte, wie etwa Winschen, wird an Bord weitgehend verzichtet. So lernen die Soldaten ihre Muskelkraft mit Blöcken und Taljen günstig einzusetzen und gemeinsam Ziele zu erreichen, die einem Einzelnen unmöglich sind. Außerdem lernen die Lehrgangsteilnehmer sich untereinander zu tolerieren und miteinander auszukom-

Es ist harte Arbeit, das schwere Segeltuch zu bergen. Nachdem es von Deck aus mit Geitauen und Gordingen unter die Rah gezogen wurde, müssen die Kadetten aufentern, es von Hand einrollen und sturmsicher auf der Rah verzurren. Mitglieder der Stammbesatzung zeigen, wie es geht.

An zwei Rädern können vier Rudergänger zugleich in die Speichen greifen und die „Gorch Fock" auf Kurs halten. Bei mancher Sturmfahrt ist dieser Kraftaufwand durchaus notwendig. Auch hier ist Teamarbeit gefragt.

Nach einiger Zeit an Bord werden die Kadetten beim Aufentern und Arbeiten im Rigg immer sicherer und schneller. Nun sind sie in der Lage, auch bei Nacht und Sturm alle notwendigen Handgriffe auszuführen (links). Geschlafen wird auf der „Gorch Fock" in Hängematten. So gibt es für die Kadetten keine Privatsphäre. Das verlangt viel Toleranz. Morgens werden die Hängematten aufgerollt und sorgfältig verstaut. Das bringt Hektik in die Zeit kurz nach dem Aufstehen. Denn tagsüber dienen die Räume auch als Hörsäle für den Unterricht (oben).

men. Sie schlafen dicht an dicht in Hängematten, das bedeutet wenig Komfort und keine Privatsphäre.

Was die jungen Soldaten unter solchen Bedingungen lernen, brachte der ehemalige „Gorch Fock"-Kommandant Nickels Peter Hinrichsen auf einen einfachen Nenner: „Man bedenke, dass ein guter Teil der Schiffe und Flugzeuge der Marine nicht allwetterfähig ist. Der militärische Führer muss also vor Ort entscheiden, ob er ein Auslaufen eines Schnellbootes oder Minensuchers noch verantworten kann. Oder ein Zerstörerkommandant muss entscheiden, bei welchem Seegang er noch die Versorgung in See riskieren kann. In den genannten Fällen muss er ein gehöriges Maß an seemännischer Erfahrung haben. Den Grundstock für diese Erfahrungen kann ein zukünftiger Führer in seinen Lehrjahren in der Marine in der Auseinandersetzung mit Wind und See auf einem Segelschulschiff hautnah erfahren. Ein Simulator ist dafür absolut ungeeignet."

Mittlerweile war die „Gorch Fock" ein vertrauter Anblick bei maritimen Jubiläen aller Art geworden. Es gab sogar schon Kommandanten, die anregten, solche Großereignisse mit dem Schiff gar nicht mehr zu besuchen, weil die vielen gesellschaftlichen Pflichten zu sehr den Ausbildungsalltag störten. Schließlich sei die „Gorch Fock" ein Segelschulschiff und kein Repräsentationsschiff.

Doch trotz aller Diskussionen nahm die „Gorch Fock" an der 200-Jahr-Feier in Australien teil. Da die Anreise ohnehin schon um die halbe Welt führte, plante man gleich eine vollständige Erdumrundung. Damit ging die „Gorch Fock" zum ersten Mal auf eine Reise außerhalb ihrer vertrauten Fahrtgebiete, dem Atlantik und seiner Randmeere. Ein Jahr wurde für die Fahrt veranschlagt. Unter dem Kommando von Immo von Schnurrbein verabschiedete sich die „Gorch Fock" am 23. Juli 1987 in Kiel und nahm Kurs auf das Skagerrak. Die Reise begann mit rauer See und Wind bis Stärke acht. Erster Hafen war Las Palmas auf den Kanarischen Inseln, dann überquerte das Schiff mitten in der Hurrikan-Saison den Atlantik und erreichte die Karibik, ohne auch nur den Ansatz eines Wirbelsturms wahrgenommen zu haben. Die Reise schien unter einem glücklichen Stern zu stehen.

Der Mannschaft wurden einige Härten abverlangt. Die „Gorch Fock" musste durch den Panama-Kanal, um in den Pazifik zu kommen. Dort aber herrschten Temperaturen um 40 Grad und eine Luftfeuchtigkeit von 100 Prozent. Klimabedingungen, auf die das Schiff nicht eingerichtet ist. Schlafen war in den engen Räumen kaum noch möglich und die Ausrüstung verschimmelte in den Spinden.

Aber als die „Gorch Fock" die Strände des mexikanischen Badeortes Acapulco erreichte, waren die durchgestandenen Strapazen schnell vergessen. 17 Tage lag das Schiff vor dem traumhaft schönen Ort, weil dort die Ausbildungslehrgänge wechselten. Über San Diego ging die Reise weiter nach Hawaii, wo Einheimische nach

97

Die heutige „Gorch Fock" hatte eine Vorgängerin. Sie war ebenfalls als „Gorch Fock" bei Blohm + Voss in Hamburg gebaut worden. Nach dem Krieg kam sie als Reparationsleistung an die UdSSR, wo sie als „Towarischtsch" mit Kadetten fuhr. Mittlerweile ist das Schiff nach Deutschland zurückgekehrt und soll wieder in „Gorch Fock" (I) umbenannt werden. In Kreisen von Segelschiffsfreunden wird diese Benennung als unpassend empfunden.

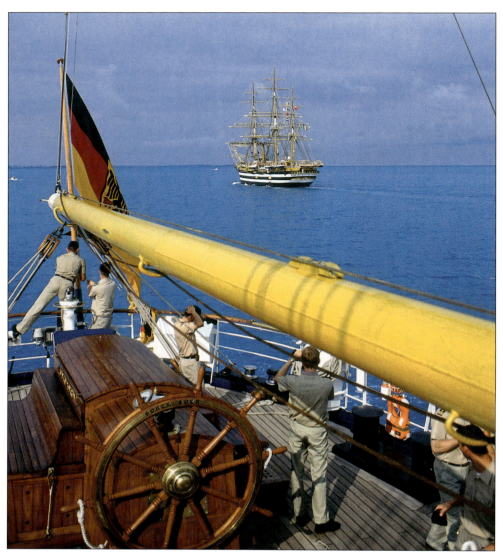

Bei einem Windjammer-Treffen begegnen sich die „Gorch Fock" und das italienische Segelschulschiff „Amerigo Vespucci". Bevor das deutsche Schiff in Dienst gestellt wurde, erhielt ein Teil der Besatzung eine Grundausbildung auf dem italienischen Segler (links).
Gut stehende Segel und eine kräftige Brise, dazu Sonnenschein, solche Tage begeistern die Mannschaft. Die zunächst verwirrende Vielfalt der Leinen ist nach einem logischen System belegt, das für jeden Mast gleich ist. So lassen sich auch nachts die richtigen Belegnägel finden (rechts).

alter Landessitte die Galionsfigur mit einem bunten Blumenkranz verzierten. Auch auf Hawaii wechselten die Lehrgangsteilnehmer.

Die Südsee zeigte sich für die Besatzung nicht so traumhaft, wie sie erwartet hatte. Böen mit Windstärke zehn fielen über das Schiff her, es war häufig bewölkt und regnete in Strömen. Der Bordmeteorologe machte Kapitän Immo von Schnurrbein auf die akute Gefahr eines Hurrikans aufmerksam, der Kommandant entschloss sich deshalb, nicht die Tonga-Inseln anzusteuern, sondern direkten Kurs nach Neuseeland zu nehmen.

Höhepunkt der Reise waren die acht Tage in Sydney, wo die „Gorch Fock" an der großen Windjammer-Parade der 200-Jahr-Feier teilnahm. Nach einem Crew-Wechsel in Melbourne war eigentlich Cochin in Indien das nächste Ziel, doch durch die Wetterbedingungen in den Mallungen hatte das Schiff zu viel Treibstoff verbraucht und musste deshalb Colombo auf Sri Lanka ansteuern. Einen Hafen, den es mit den letzten drei Kubikmetern Treibstoff in den Tanks erreichte. Denn ein Segelschulschiff konnte bei ungünstigen Winden nicht wie die Segler zu alten Zeiten wochenlang auf See dümpeln, sondern musste einen Zeit- und Ausbildungsplan einhalten. Und im nächsten Hafen wartete oft schon die neue Crew, und es waren Rückflüge für die ausgewechselte Mannschaft organisiert.

Nachdem auf Sri Lanka das Unterwasserschiff vom tropischen Bewuchs befreit worden war, steuerte die „Gorch Fock" das arabische Sultanat Oman an. Für Kommandant Immo von Schnurrbein ein vertrautes Terrain. Er war in der Zeit von 1977 bis 1979 Kommandant des dortigen Segelschulschiffes „Shebab Oman" gewesen.

Durch den Suezkanal erreichte die „Gorch Fock" den israelischen Hafen Haifa. Die Besatzungsmitglieder waren die ersten deutschen Soldaten, die den Boden des Landes betraten. Der Besuch erwies sich als weit weniger schwierig, als die Verantwortlichen auf beiden Seiten zunächst befürchtet hatten. Die Deutschen wurden entgegenkommend behandelt und die israelischen Militärs erwiesen sich als sehr kameradschaftlich.

Über Palma de Mallorca und Porto in Portugal erreichte die „Gorch Fock" dann wieder heimische Gewässer.

Als Kommandant Immo von Schnurrbein gefragt wurde, ob es auf dieser Reise um die Welt besondere Gefahren oder Schwierigkeiten gegeben hätte, antwortete er den Journalisten nur kurz und unterstrich damit erneut den Wert einer Fahrtzeit auf einem Segelschulschiff: „Wer bei uns in Nord- und Ostsee unter Segeln gelernt hat, der ist gut gerüstet für alle anderen Fahrtgebiete, um Schwierigkeiten zu begegnen und mit ihnen fertig zu werden."

Den Wert dieser Ausbildung erkannten auch die Marineführungen anderer Länder. Viermal waren Offiziersanwärter anderer Nationen an Bord. Sie kamen aus den Niederlanden, Neuseeland, Australien und Ägypten.

Nach der Vereinigung der beiden deutschen Staaten lief die „Gorch Fock" als ersten ehemaligen DDR-Hafen Rostock an. Seither ist sie immer wieder gern gesehener Gast bei den Veranstaltungen der Hanse-Sail.

Das Jahr 1991 brachte eine einschneidende Veränderung in den Bordalltag. Die ersten weiblichen Kadetten kamen an Bord.

In wenigen Jahren feiert die „Gorch Fock" den 50. Jahrestag ihrer Indienststellung. Ein Ende ihrer Dienstzeit ist noch nicht abzusehen.

Beim Einlaufen zu einem Windjammer-Treffen ist die Mannschaft der „Gorch Fock" an Deck angetreten. Einige von ihnen haben sich sogar auf den Webeleinen in den Wanten aufgestellt oder sind bis in die Wanten aufgeentert.

Das Ende einer Epoche –
Abschied der Cap Horniers

„Wir wollen in Würde auseinander gehen", begann Heiner Sumfleth, der „Grand Mât" der Cap Horniers, seine letzte Rede als Vorsitzender der exklusivsten Vereinigung von Seeleuten. Dort, wo alles begann, im altehrwürdigen „Hotel de L´Univers" in St. Malo, endete am 15. Mai 2003 nach 66 Jahren die Ära der „Amicale Internationale Au Long Cours Cap Horniers".

Die Geschichte ihrer Fahrten, ihre Kenntnisse und Erfahrungen sollten nicht vergessen werden – dies war die einhellige Meinung einer Gruppe alter Windjammer-Kapitäne und Fahrensleute, die sich regelmäßig in St. Malo getroffen hatten. Sie gründeten 1937 die kurz „Amicale" genannte Vereinigung. Da keine Gruppe wohl internationaler ist, als die der Seeleute – auf den Windjammern waren nicht selten alle Nationen Europas vertreten – schlossen sich innerhalb weniger Jahre in allen seefahrenden Nationen die Kameraden der Vereinigung an. Zentrum wurde ein mittelalterlicher Verteidigungsturm in St. Malo. Dort sammelte man im „Goldenen Buch" die Daten aller Angehörigen der Amicale. Die ausführlichen Biographien finden sich in 23 großen Sammelordnern, eine unschätzbare Quelle für die noch zu schreibende Geschichte der internationalen Bruderschaft.

Nur 250 Mitglieder in aller Welt, kaum einer unter 80, dürfen sich wirklich noch Cap Hornies nennen. Die Bedingungen sind hart, man muss auf einem frachttragenden Segelschiff ohne Motor das berüchtigte Kap Horn von Ost nach West und zurück umrundet haben, d. h. man muss die Strecke von 500 Süd im Atlantik auf 500 Süd im Pazifik nur unter Segeln zurückgelegt haben.

Albatros durften sich nur die Kapitäne dieser Segelschiffe nennen. Sie alle gingen inzwischen auf ihre letzte große Reise. Die jetzigen Mitglieder, sie fuhren als Matrosen und Kadetten, sind allesamt Malamoks, benannt nach einer kleineren Albatrosart.

Echten Nachwuchs gibt es nicht. 1949 umrundete als letzter echter Windjammer die „Pamir" das berüchtigte Kap, vor dem nach vorsichtiger Schätzung 800 Wracks auf dem Meeresgrund liegen. Einige der „Sektionen" genannten, nationalen Vereinigungen nehmen inzwischen auch Yachtsegler oder zahlende Trainees von Segelschulschiffen auf, doch diesen Weg lehnt die Mehrheit der alten Seefahrer zu Recht entschieden ab.

Stolz beschlossen die Abgesandten daher in einer unspektakulären, aber überaus würdevollen Sitzung, am 15. Mai 2003 die Auflösung ihrer auf allen fünf Kontinenten geachteten Bruderschaft mit dem Wunsch, dass man dem letzten die Flagge mit ins Grab geben möge. Die meisten Sektionen lösen sich ebenfalls auf, die Deutsche zu ihrem 50-jährigen Jubiläum Ende 2004.

105

Taufe am Äquator – wenn Neptun an Bord Hof hält

Wer zum ersten Mal die „Linie", den Äquator passiert, muss sich der Äquatortaufe unterziehen. Das ist heute nicht anders, als in früheren Zeiten. Für die altbefahrenen Besatzungsmitglieder an Bord von Windjammern war dies eine willkommene Unterhaltung im ansonsten eintönigen Bordalltag, die sie lange mit viel Fantasie vorbereiteten. Aus Segel- und Tauwerksresten schneiderten sie Kostüme, formten falsche Bärte und lange Haare. Eine Bordkapelle spielte und Neptun sowie seine Frau hielten Hof.

Für die Jungen an Bord war die Feier oft eine große Qual. Ihnen wurden Getränke eingeflößt, in die manchmal sogar die Exkremente der Tiere an Bord gemischt worden waren, sie wurden in eigens improvisierten Becken untergetaucht und bekamen von den Älteren mit Tauenden eines übergezogen. Mancher junge Seemann fürchtete sich mehr vor der Äquatortaufe als vor Kap Horn. Die Zeremonie lief auf allen Schiffen anders ab, manchmal begann sie schon am Abend vor Überquerung der Linie mit einigem Schabernack der älteren Matrosen. Noch als Kapitän erinnerte sich Heinz Burmester an seine erste Fahrt 1929 auf der „Pamir": „Am Abend kam Besuch an Bord. Neptun erschien, um mit dem Kapitän die für den nächsten Tag angesetzte Äquatortaufe zu besprechen. Die Täuflinge wurden nach achtern beordert, angeblich um zu unterschreiben. Zu ihrer großen Überraschung landeten sie aber in einer mit Wasser gefüllten Waschbalje. Dann ging Neptun wieder von Bord und mit ihm ein brennendes Salzfleischfass, das mit Tauwerksresten, Petroleum und Teer gefüllt war. Im Kielwasser des Schiffes war es noch lange zu sehen.

Die unverhoffte Landung in der Waschbalje war nur ein Vorgeschmack auf das, war uns am nächsten Morgen erwartete. Die altgedienten Matrosen hatten sich manchen Schabernack mit den Neuen ausgedacht. Aber zu unserem Trost, wir waren zehn Täuflinge, gab es hinterher einige Flaschen Bier und pro Wache zwei Flaschen Schnaps. Dann klang die Äquatortaufe versöhnlich mit Musik und Gesang auf Luke II aus." Kapitäne drückten bei einem solchen Anlass beide Augen zu. 1947 als sich auf der „Pamir" 16 Jungen der Zeremonie unterzogen, muss es hart hergegangen sein. Kapitän Collier aber notierte nur: „Verletzt wurde niemand, und es war eine großartige Schau."

Äquatortaufen sind so alt, wie Langreisen mit Schiffen. Sie müssen zum Teil so ausgeartet sein, dass die Ostindische Compagnie sie 1615 auf ihren Schiffen verbot. Als Ersatz für das entgangene Vergnügen gab es beim Überqueren der Linie jedoch eine doppelte Ration Wein und Essen für die Mannschaft.

Auch in Preussen, Schweden und Dänemark untersagten offizielle Erlasse die Taufen, woran sich aber inoffiziell niemand hielt.

Auf heutigen Segelschulschiffen ist die Äquatortaufe noch immer ein prächtiges Spektakel. Oft gibt es eine kunstvoll gestaltete Urkunde als Erinnerung.

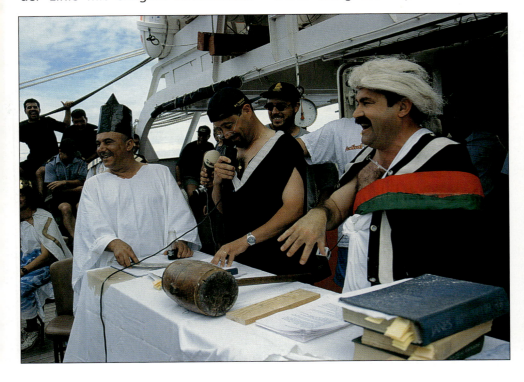

Klipper-Rennen und der große Goldrausch

Während des großen amerikanischen Goldrauschs Mitte des 19. Jahrhunderts suchten tausende einen Weg, möglichst schnell in den Westen zu kommen. Der knapp 5000 Kilometer lange Landweg dauerte ihnen zu lange. So ging in den Häfen der Ostküste jedes verfügbare Schiff auf die 13200 Seemeilen lange Reise um Kap Horn, rund um den amerikanischen Kontinent. Vom April 1847 bis zum April 1848 waren auf dieser Route lediglich 13 Schiffe gefahren, 1849 waren es bereits 775.

Kaufleute in Baltimore, Boston, New York und anderen Häfen der Ostküste merkten schnell, wie viel Geld sie am Goldrausch verdienen konnten. Ein Fass Mehl, das normalerweise fünf Dollar einbrachte, wurde einem in San Francisco für 50 Dollar aus der Hand gerissen. Amerikanische Klipper fuhren bis 1848 fast ausschließlich zwischen New York und China. Nur ein Klipper, die „Memnon", ging 1848 auf die Kap-Horn-Route und stellte gleich einen Rekord auf. Während andere Schiffe rund 200 Tage brauchten, schaffte die „Memnon" es in 120 Tagen. Eine so schnelle Reise lohnte sich nicht nur wegen der hohen Gewinnspannen zwischen Ost und West, sondern auch, weil ein Klipper im selben Zeitraum eine Reise mehr machen konnte als andere Schiffe.

Solche Gewinnaussichten ließen Reeder nicht ruhen. Zuerst zogen sie ihre Schiffe aus dem Chinahandel ab und schickten sie um Kap Horn. Die „Sea Witch" konnte ihre Ladung, die in New York 84262 Dollar gekostet hatte, in San Francisco für 272000 Dollar verkaufen. Das war fast viermal so viel, wie der Bau des Klippers überhaupt gekostet hatte. Das löste einen wahren Bauboom auf den Werften der Ostküste aus. An New Yorks East River waren nun rund 10000 Männer von morgens bis abends damit beschäftigt, Klipper zu bauen. Für die Amerikaner waren diese schnellen Schiffe von einer besonderen Aura umgeben. Der Volksmund nannte sie irgendwann Klipper. Es ist ein Begriff aus dem Pferderennen, wo „to go at a good clip" soviel heißt wie „ein scharfes Tempo vorgeben". Die Rekordreisen waren das Verdienst guter Klipperkapitäne und von zwei Männern – Maury und McKay, Navigator der eine und Schiffbauer der andere.

Der Marineoffizier Matthew Fontaine Maury entdeckte in einem Marinedepot die alten Logbücher der amerikanischen Marineschiffe, die dort achtlos eingelagert worden waren und um die sich niemand mehr kümmerte. Maury erkannte die abgewetzten Bücher als eine wertvolle Sammlung navigatorischer Beobachtungen aus allen Ecken der Welt. Daraus entwickelte Maury Navigationskarten, wie es sie nie zuvor gegeben hatte. Sie enthielten nicht nur den Verlauf der Ufer und Tiefenangaben, aus ihnen konnte man auch die Strömungen und vorherrschenden Windrichtungen ablesen. Kapitän Jackson probierte 1848 die empfohlenen Kurse mit seiner Bark „W. H. D. C. Wright" auf einer Reise nach Rio aus. Normalerweise wurden dafür jeweils rund 55 Tage veranschlagt, Jackson schaffte die Hinreise jedoch in 38 Tagen,

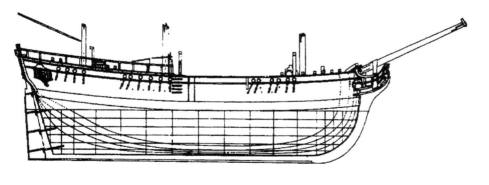

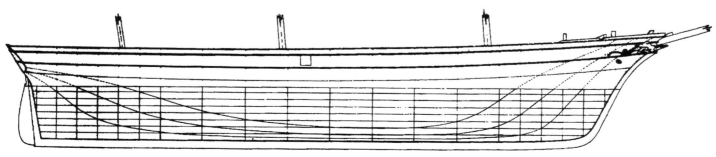

Die amerikanischen Klipper waren länger und schlanker als die bisher gebauten Schiffe nach europäischem Vorbild. Das zeigen deutlich die Seitenrisse der Schiffe. Damit liefen sie höheres Tempo und machten wesentlich schnellere Reisen. Für die Reisen warben bunte Handzettel, die in Hafenstädten an der Ostküste verteilt wurden und Bilder der Klipper wiedergaben. Die hohen Masten und riesigen Segelflächen beeindruckten die Zuschauer an Land.

die Rückreise nach denselben Karten in 37 Tagen. Damit hatte er auf der gesamten Reise rund 35 Tage eingespart – ein Ergebnis, das sich in einer Hafenstadt wie Baltimore wie ein Lauffeuer herumsprach.

Donald McKay, der Schiffbauer, hatte schon in seiner Jugend segeln gelernt. Er baute Schiffe, die länger und schlanker waren als die von europäischen Schiffbauern beeinflussten Segler. Das erste Schiff nach McKays Vorstellungen war die „Stag Hound", die 1850 vom Stapel lief. Schon auf ihrer ersten Reise um Kap Horn nach Kalifornien machte sie sich so gut wie bezahlt. Noch bevor die „Stag Hound" von ihrer ersten Reise zurückgekehrt war, näherte sich die „Flying Cloud" der Fertigstellung. Ein Schiff, das die Einwohner Bostons staunen ließ: Mit 69,80 Metern Länge, 12,50 Metern Breite, 6,55 Meter Tiefgang und 61 Meter hohen Masten war sie das bislang größte Handelsschiff der Welt.

Der Goldrausch war nur von kurzer Dauer, 1857 brach in den Vereinigten Staaten eine schwere Wirtschaftskrise aus. Die Klipper hatten außerdem unter der Konkurrenz der Dampfer zu leiden. Als 1861 der Bürgerkrieg ausbrach, beschleunigte er das Ende der Kap-Horn-Fahrt und der amerikanischen Klipper. Die von hohen Gewinnen verwöhnten Reeder waren verunsichert und verkauften ihre Schiffe so schnell wie möglich ins Ausland. Die Ära der Klipper war zu Ende.

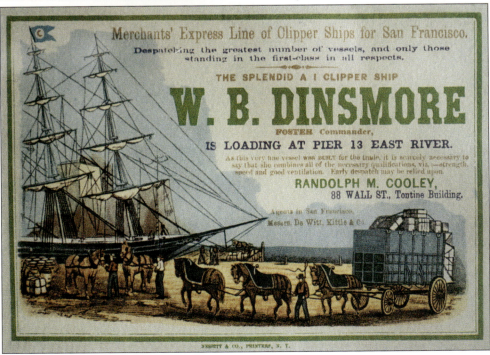

Immer die Nase im Wind –
Galionsfiguren

Victory, England

Galionsfiguren sind die populärsten unter den maritimen Kunstwerken – ganz gleich, ob sie von großen Künstlern oder einfachen Handwerkern geschaffen wurden. Lange Zeit schien es, als sei die große Zeit der Galionsfiguren vorbei. Selbst Segelschiffe trugen nur noch selten eine solche Figur.

Heute hat man ihren Reiz wiederentdeckt. Sogar moderne Schiffe wie das ukrainische Segelschulschiff „Khersones" erhielten nachträglich eine Bugzier. Und bei dem Luxus-Segelkreuzfahrtschiff „Sea Cloud II" war sie von vornherein mit eingeplant.

Ägypter waren wohl die ersten Menschen in der Geschichte, die Augen auf den Bug eines Schiffes malten, um dessen Persönlichkeit noch stärker zum Ausdruck zu bringen. Sie malten aber nicht nur Augen auf die Planken, sondern befestigten auch Figuren am Rumpf. Bevor ein Schiff zum ersten Mal zu Wasser gelassen wurde, brachte man Opfer dar, um Götter, Geister und Dämonen günstig zu stimmen. Teile dieser Opfergabe nagelt man in Afrika und Asien noch heute an den Bug des Schiffes. Die für lange Zeit letzten Schiffstypen, die Galionsfiguren trugen, waren amerikanische und englische Klipper. Die ihnen folgenden stählernen Windjammer hatten am Bug nur noch eine vergleichsweise schlichte Verzierung, die so genannte Krulle.

Nur auf Kriegsschiffen wurden noch eine zeitlang aufwändige Bugverzierungen gefahren. Aber die amerikanische Marine machte als erste auch damit Schluss. In einer Anordnung von 1909 hieß es: „Die ehrwürdige Sitte, der Individualität eines Schiffes sichtbaren Ausdruck zu verleihen, ist ohne praktischen Wert und zu unterlassen ..." Es wird kaum ein Seemann gewesen sein, der das formuliert hat.

Aphrodite, Niederlande | Amsterdam, Niederlande
Libertad, Argentinien
Cuauhtemoc, Mexico
Stad Amsterdam, Niederlande | Capitan Miranda, Uruguay

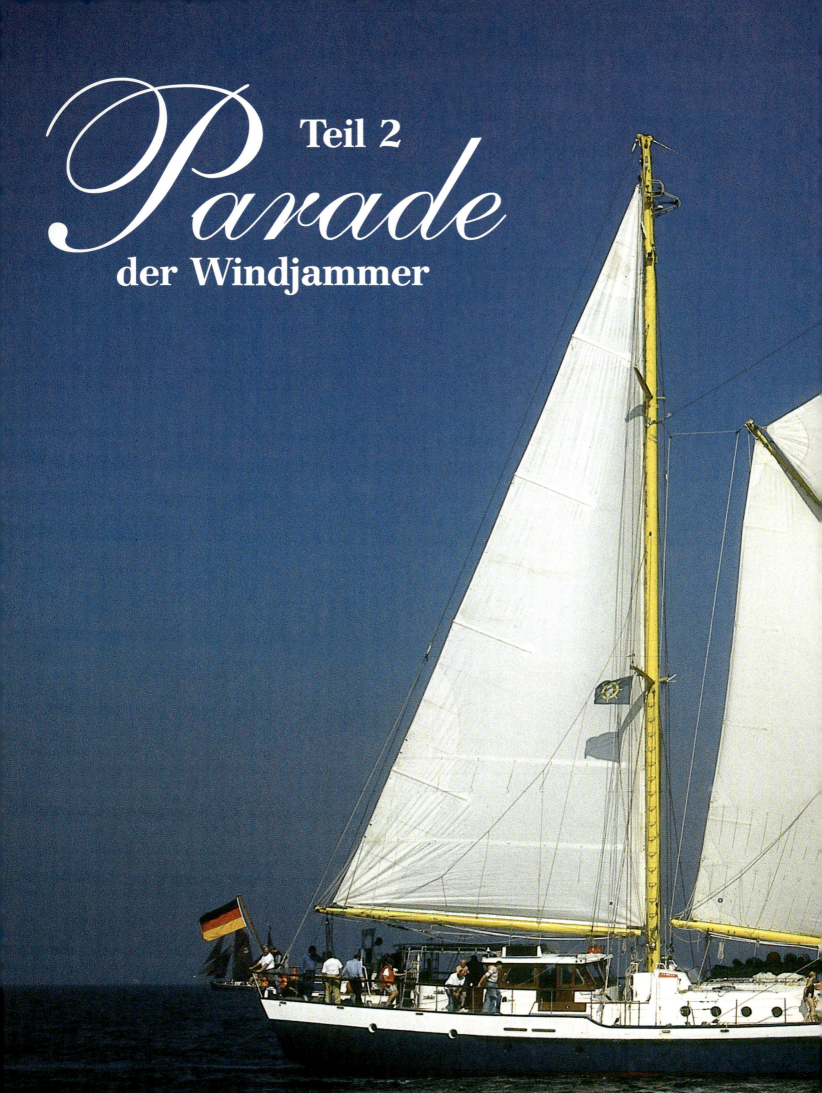

Teil 2
Parade
der Windjammer

Johann Smidt

Herkunftsland	Deutschland
Typ	Gaffel-Schoner
Verwendung	Schulschiff
Länge über alles	35,94 m
Breite	8,03 m
Tiefgang	3,64 m
Deplacement	480 ts
Masthöhe	34,00 m
Segelfläche	568 qm
Anzahl Segel	8
Trainees	31
Tagesgäste	20
Stammbesatzung	6
Maschine	400 PS
Geschwindigkeit u.M.	12 kn

1973, Deutschlands maritime Welt stand noch ganz unter dem Eindruck der glanzvollen Windjammer-Parade anlässlich der Olympischen Segelregatten in Kiel, als eine Gruppe windjammerbegeisterter Kapitäne, Schiffsingenieure, dazu einige Juristen und Kaufleute, den gemeinnützigen Verein „Clipper, Deutsches Jugendwerk zur See" gründeten. In diesen Jahren fand man noch historische Segelschiffe, die den Namen auch verdienten, nicht nur einem losen Haufen verrotteter Planken. So wurde der hölzerne Schoner „Seute Deern" das erste Schiff der von Hapag-Lloyd unterstützten Gruppe.

Nachdem auch die nächsten Ankäufe klassische Schoner waren, kam die Nachricht vom bevorstehenden Verkauf der holländischen „Eendracht" gerade recht. Die Flotte sollte durch einen modernen, auch bei den „Cutty Sark Races" chancenreichen Schoner ergänzt werden. Seit 1989 segelt sie nun unter deutscher Flagge und gewann viele Male den begehrten „Florence-Cup", als schnellstes Schiff des Jahres der Klasse B (große Schoner).

Segelt die Flotte des DJS im Sommer fast ausschließlich in Ost- und Nordsee, so verlegt man die „Johann Smidt" im Winter häufig ins Mittelmeer – die anderen Schiffe des Vereins (Seute Deern, Albatros, Amphitrite) liegen in dieser Zeit im Winterlager im Harburger Binnenhafen.

Juan Sebastian d´Elcano	
Herkunftsland	Spanien
Typ	Schoner-Bark
Länge über alles	113,11 m
Breite	13,15 m
Tiefgang	6,95 m
Deplacement	3755,00 ts
Masthöhe	48,70 m
Segelfläche	3153,00 qm
Anzahl Segel	20
Geschütze	2x37 mm Schnellfeuer
Kadetten	ca. 80
Stammbesatzung	ca. 220
Maschine	1500 PS

Zweifellos gehört Spaniens betagtes Segelschulschiff zu den prächtigsten Windjammern, die heute die Meere befahren. Edelstes Mahagoni, wie es heute auch für viel Geld nicht mehr zu bekommen ist, dominiert unter Deck. Die besten Tischler und Drechsler des Landes verkleideten damit die Bordwände, schufen die passenden Möbel dazu. Blankgeputzte Messinglampen tauchen alles in ein geheimnisvolles Licht, in dem das dunkle Holz seine ganze Schönheit entfaltet.

Diese Pracht bei all den notwendigen Modernisierungsmaßnahmen nicht angetastet zu haben, gehört zu den großen Verdiensten der spanischen Marineführung. Damit gehört der riesige Schoner zu den wenigen Schiffen, die, obwohl technisch auf dem neuesten Stand, immer noch das authentische Bild einer repräsentativen Staatsyacht des späten 19. Jahrhunderts bieten.

Noch sind die kompletten Bauunterlagen in den Archiven erhalten, der Baupreis ist bis auf die letzte Peseta überliefert: 8 189 532 Pts. Seitdem segelte die Juan Sebastian d´Elcano im Kielwasser ihres Namensgebers bisher sechsmal um die Welt, gewann die „Boston Teapot Trophy" (1974), nahm an den großen Transatlantik-Regatten 1976, 1986 und 1992 teil und erfüllte dabei regelmäßig auch viele repräsentative Aufträge der spanischen Regierung. Einer der spanischen Botschafter ist sogar der Meinung, ein Empfang auf dem prächtigen Achterdeck ersetze 12 Monate harter diplomatischer Arbeit.

Namensgeber des riesigen Toppsegelschoners war der baskisch-spanische Seefahrer Juan Sebastian d´ Elcano, der 1519 mit Fernão de Magalhães zur ersten Weltumsegelung aufbrach und nach dessen Tod (1521) als Führer der Expedition mit 17 Überlebenden die Weltumsegelung 1522 vollendete. Er starb im Jahre 1526 in Malaysia, nachdem er vorher noch unter anderem Kap Horn entdeckt hatte.

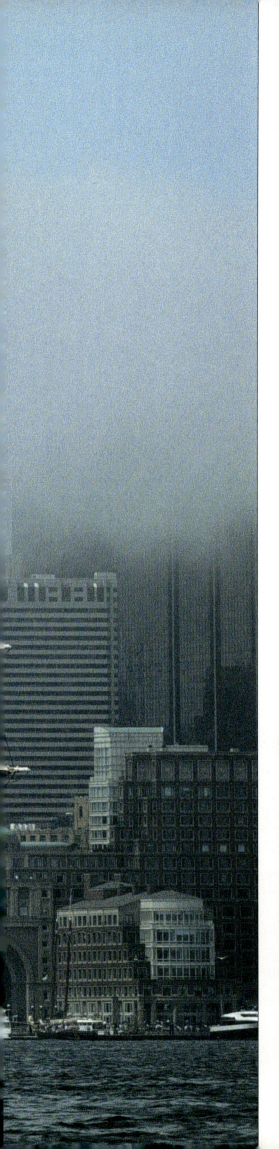

Kaiwo Maru (II)

Herkunftsland	Japan
Typ	Vollschiff
Länge über alles	110,09 m
Breite	13,80 m
Tiefgang	6,58 m
Deplacement	4654,60 ts
Masthöhe	44,05 m
Segelfläche	2760,00 qm
Anzahl Segel	36
Kadetten	108
Trainees	22
Stammbesatzung	69
Maschine	2 x 1500 PS

Nach der erzwungenen Öffnung Japans um 1854 begann ein rascher Aufbau sowohl der Kriegsmarine als auch der Handelsflotte. Von Anfang an setzte Japans Regierung auf eine praxisnahe Ausbildung der Offiziere auf Dampfern und Segelschiffen. Bereits 1897 wurde der ehemalige Leuchtturm-Tender „Meji Maru" zum Schulschiff umgebaut, 1909 folgte die „Unjo Maru".

Treibende Kraft war das einflussreiche Transportministerium, das 1930 gleich zwei riesige, 110 m lange Viermaster, als Bark getakelt, bauen ließ. Beide Schiffe, „Nippon Maru" und „Kaiwo Maru", waren bis 1989 im Dienst, dann wurden sie durch Neubauten gleichen Namens ersetzt. Wie in allen Industrienationen wurden auch in Japan die Menschen größer und passten einfach nicht mehr in die niedrigen Wohndecks der alten Schiffe, die nun als Museen der Nachwelt erhalten bleiben. Im Verlauf der 54 Dienstjahre legte die „Kaiwo Maru" mehr als 1 Million Seemeilen zurück (dies entspricht 49 Erdumsegelungen), und es wurden 11425 Kadetten an Bord ausgebildet.

Neben den beiden neuen Segelschulschiffen sind heute noch vier große, frachttragende Schulschiffe mit Diesel-, bzw. Turbinenantrieb im Dienst.

Beide Windjammer sind gute Segler, bereits 7mal erhielten sie die begehrte „Boston Tea Pot Trophy" für die größte, innerhalb von 124 Stunden zurückgelegte Strecke. Die „Kaiwo Maru" stellte dabei 1995 mit 11,2 kn Durchschnittsgeschwindigkeit sogar einen neuen Rekord auf. Meist segeln die beiden Schiffe im Pazifik und nehmen dort an den großen Windjammer-Treffen teil, ebenso an den Op Sails in New York. Zur Crew gehören neben den Studenten auch Trainees, d. h. seefahrtbegeisterte Jugendliche, die von Sponsoren Stipendien erhalten.

Das „Institut for Sea Training" gehört zu den größten maritimen Ausbildungsstätten weltweit, 1600 Studenten beginnen jedes Jahr ihr Studium, unterrichtet von 135 Professoren und von 134 Instruktoren betreut.

Kaliakra	
Herkunftsland	Bulgarien
Typ	Barkentine
Länge über alles	49,00 m
Breite	8,00 m
Tiefgang	3,50 m
Deplacement	392,00 ts
Masthöhe Großmast	30,60 m
Segelfläche	1080,00 qm
Anzahl Segel	15
Kadetten	30
Offiziere	5
Stammbesatzung & Ausbilder	16
Maschine	310 PS

Nachdem die bulgarische Marine seit ihrer Gründung 1879 gute Erfahrungen mit der Ausbildung auf Segelschulschiffen gemacht hatte, wollte auch die Handelsmarine nicht mehr zurückstehen.

Die polnische Barkentine „Pogoria", eigentlich nur als Versuchsschiff gedacht, erwies sich als so gelungene Konstruktion, dass der bulgarische Staat nicht zögerte und ein Schwesterschiff bestellte. Den Namen erhielt die schwarze Barkentine von einer sagenhaften bulgarischen Prinzessin, die sich mit vierzig weiteren jungen Frauen vom gleichnamigen Kap stürzte, um nicht den türkischen Eroberern in die Hände zu fallen. Diese Prinzessin zeigt auch die vergoldete Galionsfigur. Seit ihrer Indienststellung nahm sie trotz wirtschaftlicher Probleme an fast allen „Cutty Sark Tall Ships´ Races" teil, selbst an der Transatlantik-Regatta, dem „Columbus Race" 1992. Seit 2003 bietet sie interessierten Trainees die Möglichkeit, an der Ausbildung der bulgarischen Handelsschiffsoffiziere teilzunehmen.

Kalmar Nyckel

Herkunftsland	USA
Typ	Pinasse
Länge über alles	42,42 m
Breite	7,60 m
Tiefgang	3,60 m
Deplacement	298,00 ts
Masthöhe	32,00 m
Segelfläche	706,00 qm
Anzahl Segel	8
Tagespassagiere	49
Stammbesatzung	20

1637, Schweden wurde von Gustav Adolfs Tochter Christina und seinem alten Kanzler Oxenstierna regiert, war tief in den Krieg um die Vorherrschaft in Europa verstrickt und wollte trotzdem im Konzert der damaligen Großmächte auf dem amerikanischen Kontinent mitspielen.

Noch im November dieses Jahres verließ die erste Expedition Göteborg, um in Nordamerika eine schwedische Kolonie zu gründen. Die 24 Aussiedler aus Schweden, Finnland, Holland und Deutschland an Bord der Kalmar Nyckel gründeten am Ufer des Christina River (heute Delaware River) befehlsgemäß die erfolgreiche Siedlung Fort Christina in New Sweden (Wilmington). Noch viermal überquerte die „Kalmar Nyckel" den Atlantik, um Nachschub und neue Siedler zu bringen. Jedes Mal fand sie ihre Ex-Passagiere in bester Verfassung vor, nicht eben selbstverständlich in jener Zeit, wie die vielen aufgegebenen Siedlungen zeigen. Aber der Ansatz jener Siedler unterschied sich auch grundlegend von denen anderer Kolonisatoren. Sie wollten mit den Ureinwohnern friedlichen Handel betreiben – nicht vertreiben.

Bezahlt und ausgerüstet haben die beiden Hafenstädte Jönköping und Kalmar das Schiff. Kalmars Festung, Nyckel (Schlüssel), gab der außergewöhnlich seetüchtigen Pinasse auch den Namen. Nur sehr wenige Schiffe „lebten" lange genug, um den Nordatlantik zweimal zu überqueren, die „Nyckel" schaffte es zwischen 1637 und 1641 gleich viermal! Überstand den dänisch-schwedischen Krieg (1655-1660). Selbst nach der Umrüstung zum Handelsschiff gelang es ohne Probleme, erst im großen „Nordischen Krieg" (1700-1721) wurde sie um 1700 versenkt.

Als in den USA nicht nur möglichst jeder Hafen „sein" Tallship haben wollte und sich die USA nach der 200-Jahr-Feier auf seine europäischen Wurzeln besannen, fand sich 1986 im Staat Delaware die „Kalmar Nyckel Foundation" zusammen. Stiftungsziel war der Bau einer Replik, die sowohl historischen Ansprüchen genügen sollte, als auch den Sicherheitsbedenken der unerbittlichen US-Coast Guard. Es gelang mit Hilfe erfahrener Schiffbauer, einen historischen Segler des 17. Jahrhunderts weitgehendst korrekt nachzubauen. Nur die besten Hölzer fanden Verwendung für Rumpf, Deck und Masten. 82 Tonnen Ballast sorgen für die nötige Stabilität, um die Pinasse auch tatsächlich segeln zu können.

Um die aufwendige Pflege des Seglers zu sichern, können Firmen, aber auch Privatpersonen das Deck, oder auch das ganze Schiff für Törns chartern. Die Preise beginnen bei 750 $ für zwei Stunden auf Deck an der Pier und enden bei 7000 $ für eine Tagescharter.

119

Khersones

Herkunftsland	Ukraine
Typ	Vollschiff
Länge über alles	108,60 m
Breite	14,00 m
Tiefgang	6,80 m
Deplacement	2987,00 ts
Masthöhe	51,50 m
Segelfläche	2770,00 qm
Anzahl Segel	26
Kadetten	75
Trainees	91
Stammbesatzung	40
Maschine	2 x 570 PS

Schon von weitem leuchtet der schlanke rote Rumpf aus der Masse der sonst so einheitlich weißen Segelschulschiffe. Ein kleiner Trick der Charteragentur Inmaris, um das von ihr seit langem betreute Schiff auch optisch hervorzuheben. Die „Khersones" ist das einzige Segelschulschiff, das seit mehr als zehn Jahren auf dem Chartermarkt präsent ist, seinen Gästen nicht nur die üblichen Kadettenunterkünfte bietet, sondern auch bequeme Doppelkabinen mit Nasszellen, ohne dabei seinen Charakter als Segelschulschiff einzubüßen!

Spektakuläre Reisen hat sie seit ihrer Indienststellung 1989 unternommen. So überquerte sie im Herbst 1996 den Atlantik, nutzte den Panamakanal und umrundete (erstmals seit 1949 nur unter Segeln) Kap Horn auf dem Wege nach Argentinien. Auf der weiten Rückreise entschlossen sich die Brasilianer auf dem Deck der „Khersones" die brasilianische „Sail Training Association" (STAB) zu gründen. Nach 180 Tagen, im April 1997, machte das damals noch schneeweiße Vollschiff wieder in Deutschland fest.

Auch in anderen Jahren profitieren die Kadetten von den touristischen Kursen des modernen Windjammers: historische Inseln im Mittelmeer, die faszinierenden Küsten Islands, oder im Winter 2003/2004 der Traumtörn von Europa nach Brasilien, von dort um das Kap der Guten Hoffnung in den Indischen Ozean, zu den schönsten Inseln der Welt, anschließend durch das Rote Meer und den Suezkanal zurück nach Europa.

Die „Khersones" ist der dritte Neubau der einzigartigen Serie von Segelschulschiffen, die mit Polens „Dar Mlodziezy" begann und eigentlich mit der „Gwarek" mit ihrem revolutionären Rigg ihren Höhepunkt finden sollte. Dies verhinderte 1992 jedoch der Zusammenbruch der sozialistischen polnischen Staatsverwaltung – aus ihrem Rumpf wurde die „Royal Clipper". Die „Khersones" zeigt jedoch, dass durch geschickte Umbauten auch aus dem zunächst reinen Segelschulschiff ein begehrter Windjammer für zahlende Gäste werden kann. Dies langfristige Konzept kann jedoch nur funktionieren, wenn, wie in diesem Fall, die westeuropäische Agentur einen ebenso langfristig betriebswirtschaftlich denkenden und handelnden Partner auf der Eignerseite findet.

Nur die Ukraine erhielt aus der maritimen Erbmasse der Sowjetunion die ihr zustehenden drei Windjammer: Towarischtsch, Khersones und Druzhba. Die anderen Segelschulschiffe sollten beim Zerfall der alten Sowjetunion ebenfalls, entsprechend ihren Heimathäfen, auf die Nachfolgerstaaten aufgeteilt werden.

Die „Sedov" entzog sich jedoch der Umflaggung nach Lettland (Riga) durch Befehlsverweigerung des Kapitäns Alexej Perevozchikov, die „Kruzenshtern" wurde trickreich nach Kaliningrad (Königsberg) verlegt.

Kruzenshtern

Herkunftsland	Russland
Typ	4-Mast-Bark
Länge über alles	114,50 m
Breite	14,00 m
Tiefgang	6,70 m
Deplacement	5750,00 ts
Masthöhe	56,00 m
Segelfläche	3655,00 qm
Anzahl Segel	34
Kadetten	150
Trainees	54
Stammbesatzung	70
Maschine	2 x 1000 PS

Die alte „Padua", so der ursprüngliche Name dieses weltberühmten Seglers, ist Legende. Sie war der letzte der „Flying P-Liner" der Hamburger „Reederei Laeisz". Die „Padua" ist der nie übertroffene Höhepunkt deutschen Segelschiffbaus. Niemals hat ein frachttragendes Segelschiff den Rekord von 67 Tagen auf der Strecke von Hamburg nach Port Lincoln in Südaustralien unterboten. Obwohl sie 1926 als letzter Windjammer ohne Hilfsmotor bei Tecklenborg, im heutigen Bremerhaven, gebaut wurde, machte sie nur schnelle Reisen.

Sie war schneller als alle Squarerigger, die mit einem Dieselmotor als Flautenschieber ausgerüstet waren. Vorbild bei der Konstruktion war die 1913 im „Ärmelkanal" gesunkene „Pangani", deren Linien jedoch nochmals überarbeitet und verbessert wurden. Die hatte damals so gut wie alle ihre Konkurrenten geschlagen, auf dem weiten und gefährlichen Weg nach Südamerika, auf der Salpeterroute um Kap Horn.

Das Rigg und die Segel erhielt die „Padua" allerdings erst in Hamburg, bei Blohm & Voss. Die berühmte Tecklenborg-Werft beschäftigte bereits 1926 keine Takler mehr.

Schon die Jungfernfahrt unter Kapitän Schuberg zeigte, welches Potential der Neubau hatte: nach Südamerika in 74 Tagen war eine hervorragende Leistung. Die berühmtesten Kapitäne, wie Piening, Clauß, (Papa) Jürs und Wendt knüppelten die Viermastbark jedes Jahr, bis 1939, nach Südamerika oder Australien. In Chile holten sie für Düngemittel benötigten Salpeter und Guano. Später, in den dreißiger Jahren, konnten sich die letzten Windjammer unter der Flagge der Reederei Laeisz noch in der Australienfahrt behaupten. Voll abgeladen mit Weizen lieferten sie sich bis zum Kriegsausbruch 1939 spannende Rennen auf dem Rückweg nach Europa.

Während des Krieges segelte die „Padua" unter Kapitän Otto Schommartz recht unbehelligt in der Ostsee, meist zwischen Riga, Sonderburg und Flensburg. Dort entstand einer der berühmtesten Filme mit Hans Albers in der Hauptrolle: „Große Freiheit Nr. 10". Das Kriegsende erreichte die große Bark zusammen mit den anderen deutschen Segelschulschiffen in der Flensburger Förde. Von dort ging es noch einmal nach Hamburg und wieder zurück in die Ostsee. Noch im Sommer 1945 lief sie mit der „Komodore Johnsen", der heutigen „Sedov" wieder aus und segelte nach Swinemünde. Dort übergab sie der letzte deutsche Kapitän am 11. Januar 1946 komplett ausgerüstet an die Sowjetunion.

Seit dieser Zeit ist sie unter dem Namen des baltischen Polarforschers Kruzenshtern unterwegs. Im Dienst des Zaren segelte er von 1803 bis 1806 mit der kleinen Fregatte „Nadeshda" um die Welt. Bis 1965 war die „Kruzenshtern" Teil der baltischen Flotte und offiziell als ozeanographisches Forschungsschiff mit Marinekadetten unterwegs. Erst während dieser Zeit wurde ihre erste Maschine eingebaut.

Ihr typisches Aussehen mit den aufgemalten schwarz-weißen Stückpforten erhielt die Viermastbark erst während des umfassenden Umbaus von 1968-1972. Seitdem werden im Auftrag des Fischereiministeriums die Kadetten der „Höheren Schifffahrtsakademie" in Kaliningrad an Bord ausgebildet.

La Belle Poule / L'Etoile

Herkunftsland	Frankreich
Typ	Goëlette
Länge über alles	37,50 m
Breite	7,40 m
Tiefgang	3,65 m
Deplacement	225,00 ts
Masthöhe	32,50 m
Segelfläche	450,00 qm
Anzahl Segel	9
Offiziersanwärter	20
Stammbesatzung	16
Maschine	285 PS

Der Name „La Belle Poule" hat einen guten Klang in der französischen Marine: 1840 brachte die Fregatte Napoleons Leiche zurück in die Heimat, um ihn im Invalidendom (Paris) feierlich zu bestatten. Auch die vierte „La Belle Poule" gehört zusammen mit ihrem Schwesterschiff „L´Etoile" zu den angesehensten Schiffen der französischen Marine, waren sie doch bei den ersten Einheiten, die sich 1940 der Befreiungsbewegung General de Gaulles anschlossen.

Schifffahrtsgeschichtlich sind beide Segler interessant. Die berühmten Islandfahrer aus Paimpol um 1900 waren die Vorbilder, die die Schiffbauer von Fécamp exakt kopierten. Im Winter liegen die Zwillingsschwestern meist auf, um im Frühjahr wieder zu Ausbildungs- und Repräsentationsreisen in europäische Gewässer auszulaufen. Die französische Marine bildet ihren Offiziersnachwuchs allerdings nicht nur auf diesen beiden eleganten Schonern aus, auch der ehemalige Austernfischer „Mutin" und die „La Grande Hermine" gehören zur kleinen Schulschiffsflotte.

Schiff für Schiff entsteht unter Federführung der angesehenen Zeitschrift „Chasse-Marée" Frankreichs maritime Vergangenheit auf´s Neue. 1992, anlässlich des glänzend organisierten maritimen Festivals „Brest 92" lief die

La Recouvrance	
Herkunftsland	Frankreich
Typ	Top-Segel-Schoner
Länge über alles	41,60 m
Breite	6,40 m
Tiefgang	3,20 m
Deplacement	150,00 ts
Masthöhe	28,00 m
Segelfläche	430,00 qm
Anzahl Segel	9
Trainees & Passagiere	12
Tagesgäste	25
Stammbesatzung	5
Maschine	320 PS

„La Recouverance", der exakte Nachbau eines schnellen Toppsegelschoners vom Stapel. 1817 entstand nach den Plänen des Marineingenieurs Jean-Baptiste Hubert eine Serie von 5 schwer bewaffneten Kriegsschiffen. Vorbild waren die überlegen segelnden „Baltimore Clipper". Diese neuen Schnellsegler sollten zum einen die französischen Handelsschiffe auf den gefährlichen Routen zwischen Afrika und der Karibik vor arabischen Piraten schützen, als auch den Sklavenhandel bekämpfen.

Die Piraten der Barbareskenküste fürchteten die kleinen, aber wendigen Segler, die mit ihren gut ausgebildeten Mannschaften den wilden Haufen der Piraten weit überlegen waren. 50-60 Mann Besatzung standen an den Geschützen und bedienten die Segel.

Der moderne Nachbau entspricht an Deck bis ins Detail dem historischen Vorbild, sogar die Geschütze stehen an Deck. Gewaltige Wolken Pulverdampf ausstoßend, verkünden sie laut krachend die Ankunft des schwimmenden Botschafters der Stadt Brest.

Libertad	
Herkunftsland	Argentinien
Typ	Vollschiff
Länge über alles	103,70 m
Breite	14,31 m
Tiefgang	6,65 m
Deplacement	3765,00 ts
Masthöhe Großmast	49,80 m
Segelfläche	2683,50 qm
Anzahl Segel	27
Kadetten	54
Offiziere	26
Unteroffiziere & Mannschaft	192
Maschine	2 x 1200 PS

Die „Fregata A.R.A. Libertad", so der vollständige Name, gehört zu den schnellsten Segelschiffen unserer Zeit. Bereits achtmal gewann sie die „Boston Tea Pot Trophy" für die größte, innerhalb von 124 Stunden von einem Segelschiff zurückgelegte Distanz während des letzten Jahres. Jedes Jahr unternimmt sie weite, mehrmonatige Reisen, häufig sogar nach Europa, wo sie meist an den „Cutty Sark Tall Ships´ Races" teilnimmt. Für die Kommandanten ist die Verwendung auf diesem weißen „Schwan des Südatlantik" ein wichtiger Schritt auf der Karriereleiter. Sie bleiben jeweils nur ein Jahr an Bord. Während dieser Zeit nehmen sie wichtige diplomatische Aufgaben wahr, betrachtet doch jede Regierung das Schulschiff als wichtigen Sympathieträger und Botschafter („Embajadora Argentina en los Puertos del Mundo").

Sie ist das dritte Schulschiff der argentinischen Marine seit 1884: Das erste, die Korvette „La Argentina", entstand noch zur Zeit der k.u.k. Monarchie im damals österreichischen Triest. Ihr Nachfolger, die Fregatte „Presidente Sarmiento", diente von 1899 bis 1939 der Ausbildung argentinischer Marineoffiziere. Heute liegt sie, liebevoll restauriert, als nationales Denkmal und schwimmendes Museum im Hafen von Buenos Aires. Das dritte Segelschulschiff ist die „Libertad".

Unter dem Eindruck des tragischen Untergangs des deutschen Segelschulschiffs „Pamir" am 21. September 1957 wurden die Baupläne des bereits halbfertigen Schiffes völlig verändert. Anstelle der Viermastbark entschloss man sich, den Rumpf zu einem Dreimast-Vollschiff auszubauen. Um die Sicherheit weiter zu erhöhen, erhielt der Rahsegler eine für damalige Zeiten völlig unübliche, geschlossene Brücke. Wie bei einem modernen Kriegsschiff kann von hier der gesamte Betriebsablauf kontrolliert werden. Allerdings ist die neue „Libertad" nicht mehr so schwer bewaffnet wie ihre Vorgänger. An Deck stehen lediglich noch zwei Salutgeschütze.

Lord Nelson

Herkunftsland	Großbritannien
Typ	Bark
Länge über alles	55,00 m
Breite	9,00 m
Tiefgang	4,10 m
Deplacement	490,00 ts
Masthöhe	33,50 m
Segelfläche	1024,00 qm
Anzahl Segel	18
Trainees	20
Stammbesatzung	10
Maschine	2 x 260 PS
Geschwindigkeit uM	12,00 kn

Colin Mudie, der auch die „Royalist" entworfen hatte, zeichnete die Pläne für dieses außergewöhnliche Schiff: Statt eines schlanken Bugspriets führt ein breiter Gang nach vorne, spricht der Kompass zum Rudergänger, verbinden kleine Aufzüge die Decks. Auch unter Deck stoppt kein Süll, keine Stufe den Rollstuhl. Noch nie zuvor hatte es ein Schiff gegeben, auf dem Behinderte – wie Rollstuhlfahrer, Blinde, Taubstumme u. a. – als aktive Crew segeln und nicht nur als passive Passagiere das Bordleben genießen.

Jeweils ein Behinderter bringt einen Begleiter mit. Sollte jemand alleine sein, so hilft der „Trust". Regelmäßig nimmt die „Lord Nelson" an den „Cutty Sark Tall Ships' Races" teil, bevor sie zu den Wintertörns rund um die Kanarischen Inseln aufbricht. Seit der Jungfernreise 1985 genossen 17000 Gäste das Bordleben, davon 2750 in Rollstühlen.

Zwei Millionen Pfund kostete damals der aufwendige Bau den „Jubilee Sailing Trust", der das ehrgeizige Projekt mit großzügigen Spenden aus dem ganzen Lande finanzierte. Das Konzept erwies sich als so erfolgreich, dass inzwischen eine zweite Bark, die „Tenacious", für die Stiftung segelt.

Mercator

Herkunftsland	Belgien
Typ	Barkentine
Länge über alles	78,50 m
Breite	11,09 m
Tiefgang	4,50 m
Deplacement	770,00 ts
Masthöhe Großmast	39,00 m
Segelfläche	1500,00 qm
Anzahl Segel	15
Kadetten	45
Offiziere	5
Stammbesatzung	50
Maschine	500 PS

1569 schuf der flämische Kartograph Mercator, eigentlich Gerhard Kremer, eine Weltkarte für Seefahrer, die zum ersten Mal die Kontinente richtig darstellte und damit die moderne Darstellung der Erdoberfläche begründete (Mercatorprojektion). Grund genug, das Schulschiff der belgischen Handelsmarine nach dem größten Kartographen seiner Zeit zu benennen. Die Barkentine ist das dritte Segelschulschiff, das die belgische „Zeevartvereinigung" seit 1904 in Fahrt brachte. Das erste, das Vollschiff „Comte de Smet de Naeyer", ging 1906 im Golf von Gascogne verloren, die riesige „L´Avenir" sank 1938, nachdem sie zuvor einige Jahre für den berühmten Reeder Gustav Erikson gesegelt war, in der Nähe der Falklandinseln.

Doch bereits 1931 plante man einen Neubau, der perfekt auf die Bedürfnisse der Seefahrtsschule zugeschnitten war. Ein reinrassiges Schulschiff sollte in Zukunft die Ausbildung der belgischen Handelsschiffsoffiziere garantieren, ohne das Risiko, das frachttragende Schulschiffe darstellten. Allerdings gab es bereits auf der Überführungsfahrt Schwierigkeiten. Bei einer Grundberührung riss das Vorschiff auf, ein Nothafen musste angelaufen werden. Da das Rigg ebenfalls stark beschädigt worden war, entschloss man sich, den Toppsegelschoner zu einer leichter zu segelnden Barkentine umzuriggen – so wie sie heute noch in Oostende zu besichtigen ist. Während des 2. Weltkriegs lag sie u. a. als Depotschiff für U-Boote in Freetown (Sierra Leone).

Erst 1951 konnte sie nach einer gründlichen Überholung wieder ihre weiten Ausbildungsreisen aufnehmen, die sie vor dem Krieg sogar bis zur Osterinsel geführt hatten. Berühmt wurde sie durch die Teilnahme an den ersten Windjammer-Regatten 1956, 1958, und an der denkwürdigen 1960 zu Ehren Heinrichs des Seefahrers (500. Todestag). Dann wurde es still um das Schiff. Bald darauf wurde es in Antwerpen aufgelegt.

Als schwimmendes Museum in Oostende zieht sie seitdem wieder viele Bewunderer an. Nicht erst seit der Gründung der belgischen „Sail Training Association" (STAB) sind ehemalige Besatzungsmitglieder bemüht, das elegante Schiff wieder zu segeln – bereits 1993 lief sie zu einem kurzen Törn unter Segeln nach Antwerpen aus. 2001 führte sie die Auslaufparade zum „Cutty Sark Tall Ships' Race" Antwerpen-Ålesund an.

Wahrscheinlich nimmt sie an der großen Jubiläums-Windjammer-Regatta teil, die anlässlich des 50. Jahrestags des ersten „Tall Ships' Race" 2006 auf historischen Routen stattfindet.

Mare Frisium	
Herkunftsland	Niederlande
Typ	Top-Segel-Schoner
Länge über alles	52,00 m
Breite	6,70 m
Tiefgang	2,80 m
Masthöhe	31,50 m
Segelfläche	634,00 qm
Anzahl Segel	8
Trainees	36
Stammbesatzung	3
Maschine	359 PS

Nicht nur die große Bark „Artemis" erhielt von der niederländischen Klassifikationsgesellschaft die Zulassung für weltweite Fahrt, auch der Dreimast-Gaffelschoner „Mare Frisium" erhielt diese Genehmigung.

Bis 1949 arbeiteten 12 Fischer an den bis zu 2 km langen Treibnetzen der damaligen, als Anderthalbmaster getakelten „Petronella" auf der fischreichen Doggerbank.

Nachdem sich diese personalintensive Fischerei nicht mehr lohnte, wurde der Logger nach Deutschland verkauft. Die neuen Besitzer ließen den

Rumpf 1960 in Hamburg von 27 m auf 40 m verlängern. So konnte sie, nun unter dem Namen „Helmut", wieder gewinnbringend als Küstenfrachter auf Nord- und Ostsee eingesetzt werden.

Der tiefe Kiel blieb beim Umbau glücklicherweise erhalten. So konnten die Gebrüder Bruinsma ohne große Veränderungen am Rumpf daran gehen, aus dem Holzfrachter wieder einen schlanken Schoner zu machen. Seit 1997 segelt sie nun mit Gästen vor allem in Nord- und Ostsee, bestreitet aber auch manche spannende Regatta auf dem Ijsselmeer.

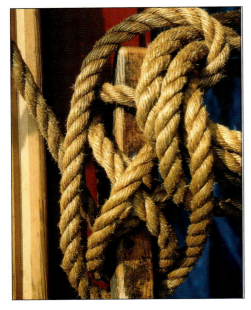

Mary-Anne	
Herkunftsland	Deutschland
Typ	Barkentine
Länge über alles	65,85 m
Breite	7,90 m
Tiefgang	4,80 m
Deplacement	480,00 ts
Masthöhe	36,00 m
Segelfläche	920,00 qm
Anzahl Segel	16
Trainees & Passagiere	55
Tagesgäste	120
Stammbesatzung	12

Die „Mary-Anne" gehört zu den ersten reinen Passagierseglern, die speziell für Incentive-, Cluburlaub und Meetings entworfen und gebaut wurden. Sie segelt normalerweise im Sommer in Nord- und Ostsee, im Winter häufig in der Karibik.

Manchmal allerdings sind die Reisen spektakulärer, wie z. B. zu den Vereinigten Arabischen Emiraten unter dem bekannten holländischen Kapitän Stephan Kramer. Der segelt dann auch „dem Teufel ein Ohr ab" und treibt den eleganten Dreimaster mit 15 kn durch die raue See. Im großen Salon, 60 Plätze, finden alle Passagiere aus den 20 Kabinen Platz.

Mir	
Herkunftsland	Russland
Typ	Vollschiff
Länge über alles	109,60 m
Breite	14,00 m
Tiefgang	6,60 m
Deplacement	2257,00 ts
Masthöhe	52,00 m
Segelfläche	2771,00 qm
Anzahl Segel	26
Kadetten	143
Trainees	60
Stammbesatzung	55
Maschine	2 x 570 PS

Unbestritten ist die „Mir" nun das erfolgreichste Segelschulschiff der Welt, keines gewann in den letzten Jahren so viele Regatten, belegte so viele vordere Plätze. Dies ist zweifellos der Verdienst ihres legendären Kapitäns Victor Antonov, der seine Karriere 1954 als Eisenbahningenieur begann. In langen Versuchen erprobte er immer neue Segeleinstellungen, nahm kleine Veränderungen an der Takelage vor – und optimierte so das Rigg. Diese „Kleinigkeiten" sind es heute, die die „Mir" immer um die zehntel Seemeile schneller machen als die Konkurrenz der Schwesterschiffe.

Vorbild der „Mir" war die 1982 für die polnische Seefahrtsschule in Gdynia gebaute „Dar Mlodziezy". Sie hatte sich gut bewährt, siegte auf Anhieb in den Windjammer-Regatten und überstand alle Stürme problemlos. Der Entwurf des polnischen Konstrukteurs Chorén schien dem russischen „Ministerium für Handelsschifffahrt" als so ideal, dass gleich 5 Schwesterschiffe bestellt wurden. Noch lieber hätte man allerdings Schwesterschiffe der „Gorch Fock" gehabt, aber die waren einfach zu teuer und mussten mit knappen Devisen bezahlt werden.

So ging der Auftrag für die 5 Schwestern doch an die später so berühmte Danziger Lenin-Werft. Ungewohnt waren diese Schiffe mit dem eleganten Bug und dem weit ausladenden Heck, aber sie erwiesen sich als ungeheuer praktisch und technisch revolutionär mit den feststehenden Aluminiumrahmen, funktionellen Beschlägen und Nylontauwerk.

Von Anfang an sandte die St. Petersburger Schifffahrtshochschule die „Mir" zu den Windjammer-Regatten, um ihre Kadetten in die internationale Welt der Seefahrt einzuführen, sich Freunde zu machen. Dort „räumte" sie zum Ärger der chancenlosen anderen Windjammerkapitäne regelmäßig das „Regattasilber" ab. Das berühmteste Rennen ist und bleibt für die „Mir" die „Columbus-Regatta", bei der sie auch Gesamtsieger wurde, gegen die Windjammer-Elite der Welt. Den Atlantik überquerte die „Mir" nur zu besonderen Ereignissen, wie Regatten oder Sails. Nord- und Ostsee im Sommer sind ihre angestammten Reviere, im Herbst kommt manchmal noch das Mittelmeer hinzu. Den Winter über liegt sie meistens kostensparend auf, häufig in Deutschland, um mit Bordevents zusätzliches Geld zu verdienen. Die Crew überholt in dieser Zeit das ganze Schiff, Werfthilfe wird nur in Anspruch genommen, wenn das Schiff ins Dock muss.

Mircea	
Herkunftsland	Rumänien
Typ	Bark
Länge über alles	82,10 m
Breite	12,00 m
Tiefgang	5,20 m
Deplacement	1630 ts
Masthöhe	41,38 m
Segelfläche	1748,00 qm
Anzahl Segel	24
Kadetten	140
Stammbesatzung	139
Maschine	1100 PS
Geschwindigkeit uM	10,00 kn

Die „Mircea" ist das Segelschulschiff der rumänischen Handelsmarine. Sie trägt am Bug die mächtige Statue des siegreichen Kämpfers gegen die osmanische Übermacht, Herzog Mircea. Im Januar 1939 wurde sie als letzte der 4 Schwestern nach „Gorch Fock", „Horst Wessel", und „Albert Leo Schlageter" bei Blohm & Voss fertig gestellt.

Gleich nach der Übergabe segelte die Bark ins Mittelmeer und weiter nach Constanza, dem neuen Heimathafen.

Der letzte Rumpf dieser Serie, der die „Herbert Norkus" werden sollte, überdauerte zwar den Krieg, wurde aber etwas vorschnell von der britischen Marine, mit Gasmunition beladen, im Skagerrak versenkt. Das komplette Rigg, das bereits vorgefertigt war,

fanden die alliierten Beschlagnahme-Trupps jedoch nicht – es ist noch heute auf der „Gorch Fock II" zu bewundern. Viele Reisen konnte die „Mircea" nicht mehr unternehmen, der Krieg verhinderte alles. Obwohl Rumänien einen Separat-Waffenstillstand abgeschlossen hatte, beschlagnahmte die siegreiche Sowjetunion die Bark. Sowohl die Kriegsjahre, als auch die Zeit unter sowjetischer Flagge setzten der Bark hart zu. So kehrte sie 1966 wieder nach Hamburg zurück, um auf der Bauwerft, z. T. noch von den Arbeitern, die sie 27 Jahre vorher zusammengenietet hatten, umfassend restauriert zu werden. Seitdem wurde die „Mircea" nur noch selten gesehen, so bei der Einweihung des kurzen Donau-Schwarzmeer-Kanals und bei der Operation Sail 1976 in New York.

Palinuro	
Herkunftsland	Italien
Typ	Barkentine
Länge über alles	69,95 m
Breite	10,10 m
Tiefgang	4,80 m
Deplacement	1341 ts
Masthöhe	35,00 m
Segelfläche	1000 qm
Anzahl Segel	14
Kadetten	73
Stammbesatzung	38
Maschine	450 PS
Geschwindigkeit uM	8,00 kn

Nach dem Verlust der „Christoforo Colombo" wollte die Marine wieder ein zweites Schulschiff zur Verfügung haben. Die Wahl fiel auf einen stählernen Segler aus Frankreich, der seine Seetüchtigkeit auf vielen Fangreisen in die stürmischen Gewässer vor Labrador bereits bewiesen hatte.

1934 ließ der Reeder Joseph Briand aus St. Malo zwei extrem seetüchtige Grand-Banks-Schoner bauen, die „Commandant Louis Richard" sowie die „Lieutenent René Guillon". Die revolutionären Schiffe, erstmals verzichtete man auf Holz als Baumaterial, wurden allerdings so teuer, dass der Auftraggeber sie nach der ersten Fangreise verkaufen musste.

Die neuen Eigentümer, die Firma „Pêcheries du Labrador", schickten die beiden Schoner noch bis 1948 zweimal jährlich in das extrem stürmische Seegebiet der Grand Banks. 1948 wurde die Fischerei unter Segeln unwirtschaftlich, die „Commandant Louis Richard" brachte unter dem neuen Namen „Jean Marc Aline" mit mäßigem Erfolg Fracht in den Indischen Ozean. Da Frankreichs Handelsmarine zögerte, konnte die italienische Marine den stabilen Segler 1951 günstig erwerben.

Beim Umbau zum fünften Segelschulschiff dieses Namens glich die Marinewerft ihn 1951 auch optisch der „Amerigo Vespuccci" an: Schwarzer Rumpf, weißes Pfortenband, freistehende, vergoldete Trailbords, sowie als goldene Galionsfigur die grimmig blickende Statue des Namensgebers. Der bärtige Held war der Sage nach Steuermann des trojanischen Königssohns Äneas, der am Ende seiner Flucht zum Gründer Roms wurde.

Die Takelage veränderte die Werft ebenfalls gründlich. Der Fockmast erhielt Rahen, so dass aus dem für die Grand Banks so typischen Dreimastschoner eine sehr seetüchtige (untertakelte) Barkentine wurde.

Im Gegensatz zur „Amerigo Vespucci" nimmt die „Palinuro" seit 1996 wesentlich häufiger an den „Cutty Sark Tall Ships' Races" teil. Auf Grund ihres günstigen „Time Correction Factors" (TCF) erkämpfte ihre sportliche Crew dabei nicht selten vordere Plätze.

Pallada	
Herkunftsland	Russland
Typ	Vollschiff
Länge über alles	109,40 m
Breite	14,00 m
Tiefgang	6,60 m
Deplacement	2257 ts
Masthöhe	49,60 m
Segelfläche	2771,00 qm
Anzahl Segel	26
Kadetten	143
Stammbesatzung	56
Maschine	2 x 570 PS
Geschwindigkeit uM	11,00 kn

Mit ihrem schwarz-weißen Pfortenband und dem eleganten schwarzen Rumpf ähnelt die „Pallada" (Pallas Athene) mehr einem der legendären englischen Schnellsegler des 19. Jahrhunderts als einem russischen Segelschulschiff.

1989, gerade noch bevor die politischen Veränderungen den Schiffbau auf der Danziger Lenin- Werft fast zum Erliegen gebracht hatten, übernahm die fernöstliche Fischerei-Hochschule in Wladiwostock den 5. Segler dieser so erfolgreichen Baureihe. Damit ging ein lange gehegter Wunsch des damaligen sowjetischen Fischereiministeriums in Erfüllung. Bisher segelten die beiden historischen Windjammer, „Kruzenshtern" und „Sedov", lediglich mit Kadetten der Universitäten Kaliningrad und Murmansk. Die Studierenden der Wladiwostocker Hochschule gingen leer aus, d. h. sie konnten nur mit konventionellen Fangschiffen auf ihren Beruf vorbereitet werden.

Der Name „Pallada" hat in der russischen Flotte einen guten Klang. So trugen mehrere dampfgetriebene Kreuzer, die sich sowohl im japanisch-russischen Krieg als auch im 1. Weltkrieg tapfer schlugen, diesen Namen. Auch eine mit 24 Geschützen drohende Segelfregatte hatte man 1832 nach der griechischen Göttin benannt.

Ihren Ruhm verdankt sie allerdings nicht dem Einsatz im Krimkrieg 1856, sondern ihrer Weltumsegelung 1852-1854. Dabei erfüllte sie neben einem umfangreichen wissenschaftlichen Programm auch recht schwierige diplomatische Missionen. Berühmt wurde das Tagebuch dieser Reise, „Fregata Pallada", das kein Geringerer als I.A. Gontscharow verfasste.

Diese Tradition setzt die neue „Pallada" fort. Neben ihren regelmäßigen Ausbildungsreisen nimmt sie häufig an den „Tall Ships' Races" des fernen Ostens teil, an Regatten wie „Sail Korea", „Sail Osaka", oder 1992 an der „Gran Regatta Christobal Colon", die sie erstmals seit ihrer Indienststellung wieder nach Europa führte.

Pogoria	
Herkunftsland	Polen
Typ	Barkentine
Länge über alles	47,00 m
Breite	8,00 m
Tiefgang	3,50 m
Deplacement	342,00 ts
Masthöhe	30,20 m
Segelfläche	1000,00 qm
Anzahl Segel	15
Trainees	40
Stammbesatzung	10
Maschine	310 PS
Geschwindigkeit uM	9,00 kn

Viele Geschichten ranken sich um die „Pogoria", von Korruption und dem feudalen Leben der Nomenklatura der alten kommunistischen Partei Polens. Fest steht jedenfalls, ohne die Segelleidenschaft des früheren Fernsehdirektors Maciej Szczepanski, den Entwicklungsarbeiten der technischen Hochschule Danzig und die weit fortgeschrittenen Pläne des Jugendtrainings (Iron Shakle Fraternity) auf Segelschiffen wäre dieses Schiff nie gebaut worden.

Die „Pogoria" ist nicht nur das erste große Segelschiff Zygmunt Choréns, sondern auch der erste moderne Rahsegler, bei dessen Leichtbau konsequent moderne Erkenntnisse der Materialkunde, der Strömungstechnik und Aerodynamik verwirklicht wurden. Die technische Hochschule Danzig war damals weltweit führend. So wurden erstmals fest stehende (nicht zu fierende) Aluminiumrahen gebaut, Blöcke aus Edelstahl und Nylontauwerk verwendet. Das Ergebnis war ein eleganter, yachtähnlicher Rumpf mit hohem Geschwindigkeitspotential bei gleichzeitig extrem hoher Seetüchtigkeit.

Diese Tüchtigkeit wurde im Jahr 1980, noch während der Jungfernfahrt beim „Cutty Sark Race" von Frederikshavn nach Amsterdam, auf eine harte Probe gestellt. Kurz nach dem Start tobte sich eine außergewöhnlich stürmische Trogwetterlage über dem Skagerrak aus, die die „Pogoria" jedoch problemlos meisterte.

Daraufhin charterte die Polnische Akademie der Wissenschaften die neue Barkentine für eine Reise in die Antarktis, 21000 sm an 132 Tagen legte sie dabei ohne Zwischenfälle zurück. Heute segelt die „Pogoria", nach vielen erfolgreichen Törns für die „Class Afloat", für die „Polish Sail Training Association" (STAP), überwiegend in europäischen Gewässern, meist mit internationalen Crews. Dazwischen liegen immer wieder Chartertörns, um damit Jugendfahrten zu subventionieren.

Pride of Baltimore II

Herkunftsland	USA
Typ	Top-Segel-Schoner
Länge über alles	52,42 m
Breite	7,93 m
Tiefgang	3,76 m
Deplacement	185,50 ts
Masthöhe	33,30 m
Segelfläche	970,00 qm
Anzahl Segel	10
Trainees	6
Stammbesatzung	12
Maschine	2 x 140 PS
Bewaffnung	2 Salutgeschütze

Vorbild der „Pride of Baltimore" war die „Chasseur", einer der berühmtesten Baltimore-Klipper. Im englisch-amerikanischen Krieg segelte sie auf ihrer ersten Reise direkt nach England und wütete so unter den erschrockenen Kauffahrteifahrern, dass die Admiralität einen Teil ihrer Flotte aus Amerika abziehen musste, um die Handelsschiffe an der heimischen Küste besser zu schützen – 14 Schiffe eroberte oder versenkte sie unter Captain Thomas Boyle. Da er Englands vermeintliche Überlegenheit auch noch verspottete – sandte er doch eine Prise mit der Botschaft, er würde mit der „Chasseur" Englands Küsten alleine blockieren – wurde er bald zum bestgehassten Gegner. Kein Wunder, dass Baltimore ihn bei seiner unbehelligten Rückkehr begeistert empfing und sein Schiff mit dem Ehrentitel „Pride of Baltimore" bedachte.

Tatsächlich hatte Englands Flotte der kleinen amerikanischen Marine nur wenig entgegenzusetzen. Wie Hornissen stachen die Amerikaner zu und verschwanden wieder in ihren gut getarnten Verstecken an der Küste.

Die amerikanischen Schiffbauer hatten revolutionäre Ideen umgesetzt. Anstatt des völligen Bugs, der sich gemächlich mit großen Auftriebsreserven über die Wellen schob, schnitten die extrem schlanken Rümpfe mit ihrem scharfen Bug durch die Wellen, zudem waren sie außergewöhnlich manövrierfähig. Die riesigen Gaffel-Segel verliehen den Schiffen hohe Geschwindigkeit und ließen sich trotzdem leicht bedienen. Alles Eigenschaften, bei denen die stark bewaffneten, aber schwerfälligen englischen Schiffe nicht mithalten konnten. Fast 100 Jahre brauchten die Engländer, bis sie den Vorsprung der amerikanischen Schiffbauer aufholen konnten.

150 Jahre später war Baltimores einst prachtvolle Hafenfront fast zu einem Slum herabgesunken. Dies wollten weder die Bürger noch die Politiker auf Dauer akzeptieren. Um die Keimzelle Baltimores wieder attraktiv zu machen, benötigte man nicht nur neue oder restaurierte Fassaden, die

Besucher mussten auch etwas erleben, am besten aus der maritimen Geschichte der Stadt.

So wurde 1976, angesichts der 200-Jahr-Feier der Vereinigten Staaten, beschlossen, einen der berühmten Baltimore-Klipper zu rekonstruieren.

Die Rechnung ging auf. Bereits der Bau, den die Besucher von einer Tribüne verfolgen konnten, lockte tausende an. So wurde beschlossen, nach dem tragischen Untergang dieses Schiffes in einer unvorsehbaren Bö während einer Atlantiküberquerung, die „Pride of Baltimore II" auf Kiel zu legen. Aus Sicherheitsgründen wurde sie ca. ein Drittel größer, das bot nicht nur mehr Platz für die Sicherheitsausrüstung, z. B. mit vier Schotten, es entstand auch mehr Platz für mitreisende Gäste und Promotionmaterial für den Staat Maryland, bzw. Baltimore.

143

Prince William & Stavros S. Niarchos	
Herkunftsland	Großbritannien
Typ	Brigg
Länge über alles	59,40 m
Breite	9,90 m
Tiefgang	4,50 m
Deplacement	635,00 ts
Masthöhe	45,00 m
Segelfläche	1162,00 qm
Anzahl Segel	18
Trainees	48
Stammbesatzung	18
Maschine	2 x 330 PS

Als Mitte der neunziger Jahre die Bremer Vulkan-Werft im Chaos versank, fanden sich in der Konkursmasse zwei Segelschiffsrümpfe, bereits mit Bugstrahlruder und Motoren ausgerüstet. Für verwöhnte Passagiere sollten sie, als Brigantinen getakelt, zu Segelkreuzfahrten in der Karibik stationiert werden. Unter den Namen „Neptun Princess" und „Neptun Baroness" dämmerten sie jedoch an einer Pier am Ufer der Warnow dem Abwracken entgegen.

Zum Preis von einem wechselten beide Schiffe den Besitzer und wurden nach England zur STA geschleppt. Dort erhielten sie, nach vielen Umplanungen, schließlich das heutige Aussehen. Getakelt als Brigg und mit einem umlaufenden Pfortenband versehen, wirken die hochaufragenden Rümpfe elegant und schnittig.

Die STA musste lange suchen, bis sie schließlich in der Stavros S. Niarchos-Stiftung einen Förderer fand, der bereit war, einen großen Teil der 5,5 Mio. Pfund Kosten für die Indienststellung des ersten Schiffes zu übernehmen. Niarchos, einer der reichsten Tankerreeder der Welt, errichtete kurz vor seinem Tod 1996 diese Stiftung, die seinen Namen auf das neue Schiff übertrug. Die „Prince William", das baugleiche Schwesterschiff, finanzierte die „Staatliche Lotterie" ebenfalls mit mehr als 5 Mio. Pfund.

Roald Amundsen	
Herkunftsland	Deutschland
Typ	Brigg
Länge über alles	50,20 m
Breite	7,20 m
Tiefgang	4,20 m
Deplacement	480,00 ts
Masthöhe	34,00 m
Segelfläche	850,00 qm
Anzahl Segel	18
Trainees & Passagiere	32
Tagesgäste	60
Stammbesatzung	16
Maschine	300 PS

Nach dem Ende der DDR erkannte der Schiffbauer Detlev Löll seine Chance und begann in Form einer geförderten Arbeitsbeschaffungsmaßnahme mit arbeitslosen Jugendlichen in Wolgast Segelschiffe aufzubauen. Aus diesen Projekten entwickelte sich die heute weltbekannte Firma Navcom, die überall, wo Segelschiffe gebaut oder projektiert werden, „mitmischt".

Eines der ersten Projekte war die „Roald Amundsen", die aus dem ausgeschlachteten Rumpf des Volksmarine-Tankers „Vilm" entstand. Als erster Kapitän konnte 1993 der legendäre „Gorch-Fock"-Kommandant Immo von Schnurrbein gewonnen werden.

Er bildete auch die erste Stammcrew aus. Seit dieser Zeit hat die Brigg nicht nur an der Transatlantik-Regatta „Tallships 2000" nach New York, Boston und zurück nach Amsterdam teilgenommen. Unter der Segelnummer TS-G 508 segelte sie „Cutty Sark Tall Ships´ Races", unternahm Incentive-Törns für gestresste Manager und Fahrten in die „Dänische Südsee", die bei vielen Jugendlichen die Begeisterung für das Windjammer-Segeln geweckt haben.

Die Fahrtgebiete im Sommer entsprechen denen anderer Segler, die Geld verdienen müssen: Im Sommer Nord- und Ostsee, im Winter Kanarische Inseln.

H.M.S. Rose

Herkunftsland	USA
Typ	Fregatte
Länge über alles	54,56 m
Breite	9,75 m
Tiefgang	3,96 m
Deplacement	297,00 ts
Masthöhe	39,62 m
Segelfläche	1207,74 qm
Anzahl Segel	8
Trainees (bisher)	24
Stammbesatzung	18
Antrieb	2 Dieselmotoren
Geschwindigkeit uM	10,00 kn

Die erste „Rose" war tatsächlich ein „Schiff Seiner britischen Majestät". 1757 entstand die Fregatte 6. Klasse in der alten Hafenstadt Hull (Humber). Dieser kleinste Fregattentyp war vor allem für Aufklärung und Nachrichtenübermittlung gedacht.

Im „Siebenjährigen Krieg" (1755-1762), in dem England mit Frankreich um die Vorherrschaft auf dem amerikanischen Kontinent kämpfte, erwies sie sich bei ihren Einsätzen in der Karibik und vor der französischen Küste als außergewöhnlich seetüchtig. Aus diesem Grund sollte sie 1768 unter James Cook die Ozeane erforschen. In letzter Minute entschied er sich jedoch für die „Endevour", deren Nachbau segelt inzwischen in Australien. Die „Rose" sandte die Admiralität 1768 wieder nach Amerika, um die aufsässigen Siedler zu „zähmen" und deren Schmuggel zu unterbinden. Vor der Narragansett Bay (Rhode Island) war sie unter ihrem Kommandanten James Wallace so erfolgreich, dass nahezu der gesamte Handel nördlich New Yorks zusammenbrach, vor allem Rhode Island wurde geschädigt.

Nicht zuletzt aus diesem Grund erklärte sich diese Kolonie am 4. März 1776, zwei Monate vor dem Rest der späteren USA, als unabhängig. Noch als Wrack verhinderte sie die Niederlage der englischen Truppen in Savannah.

Nach der erfolgreichen Besetzung New Yorks – James Wallace wurde dafür geadelt – war sie in die Verteidigung Savannahs eingebunden. Um einen Angriff der mit den amerikanischen Revolutionstruppen verbündeten französischen Flotte zu verhindern, versenkte man die „HMS Rose" an der engsten Stelle des Fahrwassers. Nach der Unabhängigkeit der USA sprengte man das Schifffahrtshindernis, um die Zufahrt wieder zu ermöglichen. Nur wenige Reste wollte man bewahren. Obwohl das Schiff eigentlich ein Symbol der britischen Herrschaft war, entschloss man sich anhand der relativ detaillierten alten Baupläne aus dem Museum in Greenwich, das Schiff nachzubauen – vielleicht als Symbol für Amerikas Freiheitswillen. Das Ergebnis stellte die Historiker weniger zufrieden als die vielen begeisterten Besucher, für die die „HMS Rose" unter amerikanischer Flagge zum Inbegriff einer Fregatte des späten 18. Jahrhunderts wurde. Ziel war, bei der großen 200-Jahr-Feier der USA 1976, an der ganzen Ostküste ein segelfähiges Schiff aus der Gründungszeit der Vereinigten Staaten zeigen zu können.

Allerdings, bereits 1985 musste nahezu der gesamte Rumpf neu aufgeplankt werden. Ob das nun an der mangelhaften Arbeit der Werft Smith & Ruland in Lunenburg, Nova Scotia, lag, oder an mangelhafter Pflege, oder nur Mittel zum Zweck war, lässt sich heute nicht mehr feststellen. Jedenfalls konnte anschließend die Fregatte von der Klassifizierungsgesellschaft abgenommen werden und mit Erlaubnis der US-Coast Guard als „Sail Training Tallship" Geld verdienen. Trotzdem, ganz kam ihr Besitzer nie aus den finanziellen Schwierigkeiten heraus.

Zum Schrecken vieler begeisterter Mitsegler, auch aus Europa, musste ihr Besitzer Kaye Williams 2001 den Segler für 1,5 Mio. Dollar verkaufen. Die neuen Besitzer, 20th Century Fox, investierten noch einmal die gleiche Summe für Erhalt und Optimierung als schwimmende Filmkulisse.

Royalist	
Herkunftsland	Großbritannien
Typ	Brigg
Länge über alles	29,50 m
Breite	5,90 m
Tiefgang	2,60 m
Deplacement	110,00 ts
Masthöhe	22,90 m
Segelfläche	433,00 qm
Anzahl Segel	10
Kadetten	24
Stammbesatzung	6
Maschine	2 x 115 PS
Geschwindigkeit uM	12,00 kn

Die kleine Brigg ist der ganze Stolz des „Sea Cadet Corps". Sie war 1971 der erste Rahsegler, der nach mehr als 70 Jahren auf einer britischen Werft entstand.

Das „Sea Cadet Corps", Großbritanniens älteste Jugendorganisation, fühlt sich in allem den Traditionen und Gebräuchen der Royal Navy verpflichtet. So tragen die Kadetten (Alter 12-18 Jahre) nicht nur Marineuniformen, sondern unterwerfen sich auch dem strengen Drill. Seit den Tagen des Krimkriegs sind die beiden Organisationen eng miteinander verzahnt. Die Marine trägt einen Teil der Kosten, stellt Hubschrauber und Schiffe als Trainingsgeräte zur Verfügung und wirbt damit bis zu 20 % jedes Kadettenjahrgangs an. Von den 16000 männlichen und weiblichen Jugendlichen, die jedes Jahr an den Übungen und Zeltlagern teilnehmen, haben 400 Gelegenheit zu einem Wochentörn auf der „Royalist", meist in britischen Gewässern. Große Namen stehen auf der „ewigen" Crewliste, u. a. der frühere Erzbischof von Canterbury, Sean Connery oder der Jazzmusiker Kenny Ball.

Mit der Indienststellung der „Star Clipper" und ihres Schwesterschiffs „Star Flyer" hatte sich der schwedische Reeder und Extremsegler Mikael Krafft einen Traum erfüllt, ein Herzenswunsch war jedoch geblieben: den wohl berühmtesten Fünfmaster der Schifffahrtsgeschichte, die „Preußen", wieder auferstehen zu lassen.

Die Gelegenheit bot sich schneller als erwartet. Nach dem Ende der Planwirtschaft lag in Danzig der fast fertige Rumpf des revolutionären Passagierseglers „Gwarek". Zygmunt Chorén, der damals weltweit führende Konstrukteur von Segelschiffen, hatte auf dem Höhepunkt der Energiekrise einen Passagiersegler entworfen, dessen automatische Segel halfen, mit weniger als 20 % der sonst üblichen Treibstoffmenge auszukommen.

Noch in Polen ersetzte die Werft den Bug der „Gwarek" (poln.: Bergmann) durch den eleganten Klippersteven, der später die weiße Galionsfigur tragen sollte, sowie das konventionelle Heck durch eines mit integrierter Badeplattform. Den Wünschen des neuen Eigners entsprechend, plante Chorén das Rigg völlig neu. Traditionelle Rahen an allen fünf Masten sollten das Erscheinungsbild dem der alten Windjammer angleichen. Die Bedienung der Segel entspricht allerdings dem letzten Stand der Technik. Fünf Mann reichen aus. Sie können innerhalb weniger Minuten mit Hilfe elektrischer Winden alle Segel setzen. Niemand muss ins Rigg klettern und in schwindelnder Höhe die Segel vorher losmachen, selbsttätig rollen sie sich innerhalb der Rahen auf und ab.

Dieser Spagat zwischen moderner, Arbeitskräfte sparender Technik und traditionellem Ambiente ist auf dem ganzen Schiff spürbar. „Spirit of Tradition" nennt Krafft dieses Konzept. Die „Royal Clipper", so der spätere Name des längsten Segelschiffs der Welt, wurde sein Meisterstück. Kein Detail, um das er oder seine Frau sich nicht persönlich kümmerten.

Nach dem Abschluss der Stahlbauarbeiten in Polen und dem geheimen Schleppzug durch den Nord-Ostsee-Kanal nach Rotterdam, fiel ein Heer von Technikern, Werftarbeitern und Innenarchitekten und schließlich noch Künstlern über das Schiff her. Niemand in dieser internationalen Baumannschaft glaubte an eine Fertigstellung in absehbarer Zeit, aber alle arbeiteten bis zum Umfallen.

So blieb schließlich keine andere Wahl, als die geplante Vorstellungstour durch die Kreuzfahrthäfen Europas abzusagen, denn der Tauftermin konnte nicht mehr geändert werden. Keine Geringere als Schwedens bezaubernde Königin war, der Größe des Augenblicks entsprechend, als Patin vorgesehen. „Star Clipper" und „Star Flyer" tauften noch Tochter bzw. Ehefrau, doch für die Königin der Meere musste es einfach die Königin des Landes sein. Bis heute ist Schwedens Königin häufiger und bei den Crews der „Star Clipper"-Flotte aus mehr als 20 Ländern äußerst beliebter Passagier.

Im Winterhalbjahr segelt die „Royal Clipper" in der Karibik, wechselt das Fahrtgebiet zweiwöchentlich zwischen den Grenadinen und den Windward Islands. Im Sommer findet man den weißblauen Segler meist in den süditalienischen Gewässern um Sizilien.

Seine wahren Stärken zeigt der Fünfmaster allerdings bei den von allen Windjammerfans so begehrten (und immer ausgebuchten) Überführungstörns. Mit 17 kn jagt vor allem der Hamburger Kapitän Uli Prüsse den klipperähnlichen Windjammer von einem Kontinent zum anderen.

Royal Clipper

Herkunftsland	Luxemburg
Typ	5-Mast-Vollschiff
Länge über alles	133,22 m
Breite	16,40 m
Tiefgang	5,49 m
Vermessung	4425,00 GT
Masthöhe Großmast	54,00 m
Segelfläche	5050,00 qm
Anzahl Segel	42
Passagiere	228
Besatzung	106
Maschine	2 x 2500 PS
Geschwindigkeit uM	13,50 kn

Sagres

Herkunftsland	Portugal
Typ	Bark
Länge über alles	89,50 m
Breite	12,00 m
Tiefgang	5,50 m
Deplacement	1800 ts
Masthöhe	45,10 m
Segelfläche	1979 qm
Anzahl Segel	24
Kadetten	63
Besatzung	139
Maschine	1100 PS
Geschwindigkeit uM	10,00 kn

Schon von weitem leuchten die riesigen roten Kreuze auf den weißen Segeln der eleganten Bark. Bereits in der dritten Generation tragen die Segelschulschiffe der portugiesischen Marine voller Stolz das Wappen Heinrichs des Seefahrers.

Viel Geld investiert die Marine in die Unterhaltung. Zu recht behauptet der Kommandant daher, dass Rumpf und Rigg der ehemaligen „Albert Leo Schlageter" mindestens dem Zustand von 1937, dem Baujahr, entsprechen. Im Inneren wurde jedoch kräftig umgebaut und den wachsenden Anforderungen an Komfort und Technik Rechnung getragen.

Die „Sagres", bzw. damals noch die „Albert Leo Schlageter", war das letzte fertiggestellte Schulschiff der Serie, die mit „Gorch Fock I" 1933 begann und zu der noch „Horst Wessel" und „Mircea" gehören. Von dem nächsten Schiff, der „Herbert Norkus", wurde nur noch der Rumpf fertig gestellt sowie Rahen und Masten.

Die „Schlageter" machte vor dem Krieg noch zwei große Ausbildungsreisen nach Südamerika (1938) und zu den Kanarischen Inseln (1939). Zusammen mit der „Horst Wessel" (heute „Eagle") lag sie bis 1944 in Kiel. Nachdem sie kurz nach der Reaktivierung einen Minentreffer erhalten hatte, der 15 Tote forderte, wurde sie schließlich nach Flensburg verlegt. Dort beschlagnahmten britische Truppen „Albert Leo Schlageter" und „Horst Wessel". Nach einem etwas dubiosen Verteilungsverfahren erhielt die US-Coast Guard die „Horst Wessel", die „Albert Leo Schlageter" England als Reparation, das sie gleich an den Bündnispartner Brasilien „weiterreichte". Am 27. Oktober 1948 stellte sie die brasilianische Marine als „Guanabara" wieder in Dienst. Viel konnte man mit der Bark nicht anfangen, so dass man froh war, sie 1961 an die portugiesische Marine verkaufen zu können.

Noch in Rio de Janeiro, im Marinearsenal, übernahm am 8. Februar 1962 der erste Kommandant, Henrique da Silva Horta, die neue „Sagres".

Seitdem ist sie mit Kadetten der Marine, zukünftigen Fischdampfer-Offizieren der „Aporvela" und Studenten der Seefahrtsschule unterwegs. Viele Kapitäne und Admiräle wurden geprägt von der vorbildlichen Kameradschaft an Bord, dem immer höflichen Verhalten (auch in Extremsituationen) und der seemännischen Perfektion.

Dass Professionalität und Lebenslust an Bord eines Segelschiffs keine unüberbrückbaren Gegensätze sind, erlebt man an Bord der „Shabab Oman". Die Freundlichkeit der Crew ist inzwischen sprichwörtlich in den Häfen der Welt, noch nie hat ein Schiff die begehrte „Cutty Sark Trophy for International Understanding" dreimal erhalten.

Vor der Seemanschaft arabischer Seeleute hatten sogar die „Cap Horniers" Respekt, wenn sie den großen Fracht-Dhauen im Indischen Ozean begegneten. Die berühmtesten sind allerdings die Omanis, war doch schon „Sindbad der Seefahrer" einer der ihren.

Archäologische Funde beweisen zudem, dass bereits ca. 1200 v. Chr. Schifffahrtsrouten aus dem Oman bis nach Indien führten. An Bord der „Shabab Oman", des größten, noch aktiven hölzernen Segelschiffs der Welt, ist man sich dieser großen Tradition durchaus bewusst.

Alle Arbeiten werden schnell und ohne laute Befehle perfekt erledigt. Viele Reisen führen in die arabischen Nachbarländer, regelmäßig kommt der schneeweiße Segler mit den roten Khunjars (arabischer Krummdolch) im Segel nach Europa, um an den Windjammer-Regatten teilzunehmen.

Die weitesten Reisen führten nach New York, zur Operation Sail 1986, und nach Australien. Bei ihrem ersten Besuch in Deutschland (Rostock) ließ es sich Bundespräsident Herzog nicht nehmen, dem exotischen Gast einen Besuch abzustatten, der sich mit einem kostbaren silbernen Dolch für die Ehre bedankte.

Sultan Quaboos, der eine traditionelle Segel-Dhau besitzt, war es selbst, der 1977 den Kauf des ehemaligen schottischen Abenteuer-Schoners initiierte. Sein Wunsch ist es, mit dieser Barkentine die seefahrtinteressierte Jugend an die historischen maritimen Traditionen seines Landes heranzuführen. Dies drückt auch der Name aus: „Shabab Oman – Jugend des Oman".

Bis heute ist das Schulschiff der omanischen Marine das einzige Segelschulschiff eines arabischen Staates.

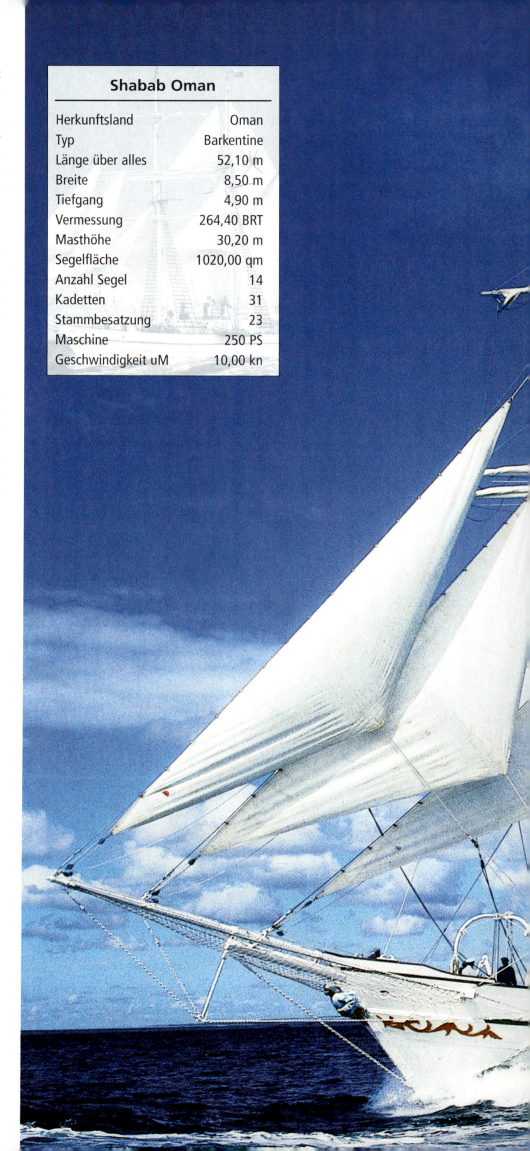

Shabab Oman	
Herkunftsland	Oman
Typ	Barkentine
Länge über alles	52,10 m
Breite	8,50 m
Tiefgang	4,90 m
Vermessung	264,40 BRT
Masthöhe	30,20 m
Segelfläche	1020,00 qm
Anzahl Segel	14
Kadetten	31
Stammbesatzung	23
Maschine	250 PS
Geschwindigkeit uM	10,00 kn

Simon Bolivar	
Herkunftsland	Venezuela
Typ	Bark
Länge über alles	82,42 m
Breite	10,60 m
Tiefgang	4,40 m
Deplacement	1260,00 ts
Masthöhe	48,70 m
Segelfläche	1650,00 qm
Anzahl Segel	23
Kadetten	84
Stammbesatzung	84
Maschine	875 PS
Geschwindigkeit uM	10,50 kn

Die „Simon Bolivar" gehört zu einer Serie von vier Segelschulschiffen, die alle nach dem Vorbild der „Gorch Fock" zwischen 1967 und 1979 von der nordspanischen Werft für die Marine südamerikanischer Staaten gebaut wurden. Nicht mehr als eine Reise pro Jahr erlaubt der Ausbildungsplan der venezolanischen Marine. Diese ausgedehnten Törns dauern dann allerdings meist sechs Monate. Sie führen häufig nach Europa, vor allem nach Spanien. Die Hafenmanöver finden in aller Welt begeisterten Beifall, wenn zu martialischer südamerikanischer Marschmusik die Crew aufentert und auf den Rahen stehend dem Gasthafen salutiert. Gekleidet sind die Matrosen in den Nationalfarben, d. h. jeder Mast zeigt eine Farbe der Nationalflagge gelb-blau-rot.

Nicht nur der Name der Bark, „Simon Bolivar", auch die Galionsfigur sind Symbole des südamerikanischen Freiheitskampfes.

Simon Bolivar erkämpfte an der Spitze eines Freiwilligenheeres die Unabhängigkeit der südamerikanischen Staaten von der Kolonialherrschaft Spaniens.

Die Galionsfigur trägt die phrygische Mütze, das Symbol der französischen Revolution, in den Händen das Schwert der Freiheit und die Flagge, die Simon Bolivar im Kampf trug.

Die rassigen US-Klipper genialer Schiffbauer wie Donald McKay sind ebenso Legende, wie die klassischen britischen Schnellsegler „Thermopylae" und ihre Schwestern. Ehrfürchtig sprach man Mitte des letzten Jahrhunderts von den tollkühnen Kapitänen, die ihre Schiffe in Rekordzeit um Kap Horn und zu den kalifornischen Goldfeldern jagten. In 90 Tagen von New York nach San Francisco mit 20 kn unter Sky- und Mondsegeln an 60 m hohen Masten waren keine Seltenheit. Die berühmte „Flying Cloud" (69,80 m lang, 12,5 m breit, 6,55 m Tiefgang) benötigte trotz erheblicher Schäden an der Takelage für diese Strecke sogar nur 89 Tage. Der bedingungslose Einsatz lohnte sich. Die Schiffe amortisierten sich meist schon nach einer Reise.

17 kn läuft bei gutem Wind auch der weltweit einzige Klipper, den die Damen-Werft für die Stadt Amsterdam gebaut hat. Die Abmessungen sind den historischen recht ähnlich:

Stad Amsterdam

Herkunftsland	Niederlande
Typ	Klipper
Länge über alles	78,00 m
Breite	10,50 m
Tiefgang	4,80 m
Deplacement	1038,00 ts
Masthöhe	46,50 m
Segelfläche	2200,00 qm
Anzahl Segel	26
Trainees	72
Passagiere	36
Stammbesatzung	25
Maschine	1014 PS

Länge ü. a. 76 m, Breite 10,5 m, Tiefgang 4,8 m. Wie das Länge-Breite-Verhältnis zeigt, hat der bekannte Konstrukteur Gerard Dijkstra den Neubau wesentlich stärker auf Geschwindigkeit ausgelegt als sonst bei Segelschulschiffen üblich. Die „Stad Amsterdam" dient heute drei Herren, zum einen soll sie weltweit für Amsterdam werben, die Partner des Hauptsponsors Randstad von den Vorteilen der Zusammenarbeit überzeugen und außerdem 72 luxusgewöhnte, Romantik suchende Gäste zu Traumzielen bringen.

Eine Ausnahme bilden jedes Jahr im Sommer die „Cutty Sark Tall Ships' Races". Jede Koje ist dann belegt mit Jugendlichen (deren Reisekosten zum großen Teil von Sponsoren übernommen werden). Tag und Nacht jagt ein Manöver das andere, alle sind nur von einem Gedanken getrieben, wieder das Race zu gewinnen.

Auf Tagestörns ist Platz für 125, an Deck kann man bis zu 300 Besucher bei Empfängen bewirten. Selbstverständlich ist auch an Räume für Konferenzen und festliche Dinner gedacht (Longroom 80-150 Personen). Die feste Crew von 25 Männern und Frauen verstärken 68 Trainees. Die außergewöhnlich große Kombüse stellt sogar die gleichzeitige Versorgung einer großen Anzahl von Tagesgästen sicher. In tropischen Gebieten sorgt die Klimaanlage für angenehme Temperaturen unter Deck, in gemäßigten Zonen reichen Lüftung, bzw. Heizung.

An Deck verbergen stilechte, mahagoniverkleidete Niedergänge die moderne Ausrüstung. Im Ruderhaus bleibt kein Wunsch elektronikverwöhnter Navigatoren unerfüllt: GPS, GMDSS, UKW, Inmarsat-C, Inmarsat-M, Kreiselkompass, ARPA-Radar, Windex, usw.

Weltweit gibt es wohl kein Schiff, das die „Stad Amsterdam" an Eleganz übertrifft. Eine junge, begeisterte Crew, von erfahrenen Kapitänen geführt, lässt jeden der beneidenswerten Passagiere sehnsüchtig an seinen Törn zurückdenken.

Statsraad Lehmkuhl

Herkunftsland	Norwegen
Typ	Bark
Länge über alles	98,00 m
Breite	12,60 m
Tiefgang	5,20 m
Vermessung	1701,00 BRT
Masthöhe	48,00 m
Segelfläche	2026,00 qm
Anzahl Segel	22
Trainees	200
Stammbesatzung	14
Maschine	1125 PS
Geschwindigkeit uM	11,00 kn

Nur die „Statsraad Lehmkuhl" segelt noch als letzter der einst sechs Windjammer des „Deutschen Schulschiffvereins". 1900, von Erbgroßherzog Friedrich August von Oldenburg gegründet, unterstützt von deutschen Reedern und vielen privaten Spendern, ließ dieser Verein vier richtungsweisende Segelschulschiffe bauen. Alle existieren noch heute: „Dar Pomorza", ex „Prinzess Eitel Friedrich", „Duchesse Anne", ex „Großherzogin Elisabeth", „Schulschiff Deutschland". Sie wurden zum Vorbild aller späteren Marineschulschiffe. Im Achterschiff, auf dem Hauptdeck, liegen die Kabinen des Kapitäns und der Offiziere, ebenso der repräsentative Kapitänssalon und die Offiziersmesse. Mitschiffs, in den beiden mittleren Abteilungen des Zwischendecks, wo man sonst Fracht transportierte, leben die Kadetten. Tagsüber findet dort Unterricht statt, wird gegessen und gefaulenzt, nachts die Hängematten aufgehängt. Daran hat sich bis heute wenig geändert, auf einigen Schiffen wichen die schaukelnden Hängematten allerdings zwei- bis dreistöckigen Kojen. Die Unteroffiziere haben ihr Quartier im Vorschiffsbereich.

Auch die Werft „Blohm & Voss" nahm bei der genialen Konstruktion der „Gorch Fock (I)" diesen Entwurf wieder auf, modifizierte lediglich das Rigg. Sie takelte ihre Schulschiffe als Bark, nicht mehr als Vollschiff.

Der Erste Weltkrieg verhinderte, dass die „Großherzog Friedrich August", das dritte Schulschiff des Vereins und das erste als Bark getakelte, unter der Flagge des Kaiserreichs auf große Fahrt ging. 940 000 Mark hatte das Schiff gekostet, auf dem in erster Linie Decksmannschaften für Dampfer ausgebildet werden sollten (deswegen auch die einfacher zu bedienende Barktakelung). Die erste Reise führte lediglich nach Norwegen und endete in Travemünde.

Während des 1. Weltkriegs lag der „Großherzog", so der Spitzname, in Kiel. 1917 und 1918 durfte sie noch zu einigen „Kreuzfahrten" in die damals noch deutsche, heute dänische „Südsee" auslaufen. Bis 1920 hoffte der Schulschiffverein, nicht Opfer des „Versailler Vertrags" zu werden, doch die Siegermächte blieben hart und beschlagnahmten alle Schiffe, obwohl sie für sie keine Verwendung hatten. Die „Großherzog Friedrich August" wurde nach Newcastle geschleppt, dort aufgelegt und wenig später für 425 000 nkr von norwegischen Reedern für die alte Hansestadt Bergen erworben. Dort stellte man 1923 die größte Bark der Welt unter dem neuen Namen „Statsraad Lehmkuhl" wieder in Dienst.

Ungepflegt, aber unbeschädigt konnte Bergen 1945 sein Schiff wieder übernehmen. Mit wirtschaftlichen Problemen kämpfend gelang es der Stadt trotzdem, immer wieder genügend Geld aufzutreiben, um ihren weißen Schwan in Fahrt zu halten. Heutzutage segelt er überwiegend in der Nordsee.

Star Clipper / Star Flyer

Herkunftsland	Luxemburg
Typ	4-Mast-Barkentine
Länge über alles	112,00 m
Breite	14,31 m
Tiefgang	6,50 m
Vermessung	2298 GT
Masthöhe Großmast	63,00 m
Segelfläche	3365,00 qm
Anzahl Segel	16
Passagiere	172
Besatzung	72
Maschine	1350 PS
Geschwindigkeit uM	8,50 kn

Der Traum eines Reeders, der bisher sein Geld mit Tankern, Öl und Frachtern verdient hatte, waren die eleganten Klipper des legendären Schiffbauers Donald McKay. 1991 und 1992 wurde er Wirklichkeit. Die beiden riesigen Barkentinen „Star Clipper" und „Star Flyer" verließen die belgische Langerbrugge-Werft (Gent). Mehr großen Luxusyachten gleichend, als rahgetakelten Windjammern, erhielten die beiden identischen Viermaster ein Barkentinenrigg. Zwei Pools, je einer auf dem Bootsdeck und auf dem Achterdeck, Deckstühle und darüber die weißen Wolken der leichten Dacronsegel lassen die Gäste im siebten Himmel schweben. Außergewöhnlich für ein Kreuzfahrtschiff ist nicht die ungezwungene Atmosphäre – die bieten heute viele – sondern der ungehinderte Zugang zur Brücke, auf das Vorschiff, der Kontakt zur Crew. Unter Deck taucht der verwöhnte Passagier tief ein in die Welt der klassischen Kreuzfahrt. Getreu dem Motto „Spirit of Tradition" beherrscht edles Mahagoni, blinkendes Messing und das kontrastierende Weiß der Wände, Kabinen, Speisesaal und Lounge.

Die älteren Gäste der beiden Klipper, sind nicht die, die sonst eine Kreuzfahrt buchen. Sie lieben einfach die luxuriöse Seefahrt, den Small Talk mit Gleichgesinnten und den Drink an Deck. Die zahlreichen jüngeren Teilnehmer schätzen dagegen das recht umfassende Angebot an Wassersport: Tauchen, Wasserskifahren, Jollensegeln und Surfen. Wer Ruhe sucht, findet sie in der Bibliothek auf dem Hauptdeck, dem vielleicht schönsten Raum des Schiffes.

Die Segelreviere des Sommers sind östliches und westliches Mittelmeer, im Winter verzaubern Karibik („Star Clipper"), bzw. Südostasien („Star Flyer").

Im Sommer steuert die „Star Flyer" Ziele im östlichen Mittelmeer an. Abwechselnd werden die Inseln der nördlichen und südlichen Kykladen auf den Wochentörns angelaufen, häufig mit einem kurzen Abstecher in die Türkei. Die „Star Clipper" kreuzt alternativ im Ligurischen (Korsika, Elba, Ligurien, Riviera) bzw. im Tyrrhenischen Meer (Korsika, Sardinien).

Swan fan Makkum	
Herkunftsland	Niederlande
Typ	Brigantine
Länge über alles	61,00 m
Breite	9,20 m
Tiefgang	3,70 m
Vermessung	404,00 BRT
Masthöhe	44,60 m
Segelfläche	1300,00 qm
Anzahl Segel	14
Trainees & Passagiere	36
Tagesgäste	120
Stammbesatzung	10
Maschine	480 PS

Thor Heyerdahl	
Herkunftsland	Deutschland
Typ	Top-Segel-Schoner
Länge über alles	49,83 m
Breite	6,53 m
Tiefgang	2,55 m
Vermessung	211,21 BRT
Masthöhe	29,00 m
Segelfläche	730,00 qm
Anzahl Segel	12
Trainees	32
Tagesgäste	60
Stammbesatzung	8
Maschine	400 PS

Brigantinen waren im 19. Jahrhundert vor allem von Schmugglern geschätzte schnelle und wendige Segler. Schnell, sehr schnell ist auch die „Swan fan Makkum", die für viele Jahre die „Cutty Sark Tall Ships´ Races" als Flaggschiff des Sponsors „Berry Brothers & Rudd Ltd." begleitete.

Die größte Barkentine der Welt bietet Chartergästen viel Platz, die eindrucksvolle Halle im Heck ist für große Veranstaltungen an Bord konzipiert. Törngästen stehen 18 traditionell eingerichtete Kabinen zur Verfügung. Im Sommer segelt die „Swan" meist in europäischen Gewässern, die Wintersaison in der Karibik. Auf beiden Seiten des Atlantik ist Willem Sligting mit seinem „Schwan" ein viel gebuchtes Paar, kein maritimes Fest an dem die „Swan fan Makkum" nicht Mittelpunkt der abendlichen Events ist.

„Junge Herzen – auf der Fahrt ins Leben", seit dieser erfolgreichen Fernsehserie ist die „Thor Heyerdahl" nicht nur Insidern bekannt. Vor mehr als 20 Jahren erfüllten sich Detlev Soitzek, ehemaliger Teilnehmer der berühmten Schilfboot-Expeditionen Thor Heyerdahls, und sein Partner Günther Hoffman einen Traum: Auf einem eigenen Schiff konsequent erlebnispädagogische Jugendarbeit nach dem Konzept der „Outward Bound-Schulen" zu leisten. Auf einer Auktion beim Hamburger Amtsgericht ersteigerten sie 1973 für 5700 DM den heruntergekommenen Kümo „Minnow". Als Experten hatten sie aber unter dem Rost das Potential erkannt, das in dem rostigen Rumpf steckte.

Als Motorsegler „Tinka" unter holländischer Flagge war sie als Frachter im Einsatz. Europa, Mittelmeer, Afrika waren damals die Fahrtgebiete, später kam noch die Karibik hinzu. Die Eigner wechselten nach dem Krieg ebenso häufig, wie die Namen, Heimathäfen und -flaggen. Irgendwann landete sie unter Panamaflagge als Auflieger im Hamburger Hafen, wo sie wegen unbezahlter Liegegebühren

bald zur Versteigerung stand. Vier Jahre intensiver Arbeit folgten. 1983 war es soweit: Technisch auf dem neuesten Stand, äußerlich aber der klassische Frachtsegler der zwanziger Jahre, wurde der Windjammer auf den Namen des Freundes und Förderers „Thor Heyerdahl" getauft.

Unter der Segelnummer TS-G 342 folgten die „Cutty Sark Tall Ships´ Races" mit Jugendlichen zwischen 16 und 25 Jahren. Im Winter stehen die großen, thematisch ausgerichteten, 6-Monats-Reisen mit Schulklassen bis nach Südamerika (High Seas High School) im Mittelpunkt. Das Segelrevier der Jugendtörns im Sommer ist die Ostsee. Die vielen anstrengenden Tagesfahrten mit Incentive-Gästen während der „Kieler Woche" und anderen maritimen Großereignissen helfen das Geld zu verdienen, das die preiswerten Reisen mit Schulklassen und anderen Jugendlichen ermöglicht.

Wer den eleganten Toppsegelschoner bei Regatten erlebt, kommt nur schwer auf den Gedanken, dass sich unter dem weißen „Kleid" der Rostocker Schlepper „Dierkow" verbirgt.

Die wohl seltsamste Geschichte eines Segelschiffs begann 1964 in Magdeburg, auf der „VEB Schiffswerft Edgar André". Der 1882 bis 1983 als „Königlich Stromfiskalische Schiffswerft" gegründete Betrieb blickt auf eine wechselvolle, aber immer erfolgreiche Geschichte zurück. Nach dem Krieg wurde für mehr als 400 Schiffe der Kiel gestreckt, darunter fast 180 Schlepper. Einer der letzten aus der großen Serie (137 Schiffe) der 400-PS-Schlepper war die „Dierkow".

Das Ende der DDR bedeutete auch das Ende für die „Dierkow" – nach 26 Jahren Dienst in den Überseehäfen der Hansestadt Rostock. Niederländer holten das Schiff Anfang der 90er Jahre nach Amsterdam. Dort fand ein Windjammerfan den tadellos erhaltenen Rumpf. Nach dem Kauf am 29. Dezember 1995 folgte der Transport in eine Amsterdamer Schiffbauhalle. Dort wurden die alten Aufbauten entfernt, der Rumpf „entkernt" sowie Bug und Heck abgetrennt.

Nun konnte der Fast-Neubau beginnen – bereits unter dem neuen Namen „Tolkien". Anstelle des runden Schlepperhecks überzeugt nun ein klassisches, überhängendes Spiegelheck den Liebhaber, ebenso wie der schnittige Klippersteven. Das Ergebnis der umfangreichen Arbeiten kann sich sehen lassen.

Aus dem hässlichen Entlein entstand mit Hilfe polnischer Facharbeiter innerhalb von zwei Jahren tatsächlich ein weißer Schwan. Schnell bei schwachen Winden dank geringer benetzter Fläche – und ebenso schnell bei viel Wind dank der dann die Wasserlinie bestimmenden großen Überhänge.

Planung und Bauleitung hatte der bereits in Insiderkreisen als Surfer weltbekannte Jaap van der Rest. Dieser hatte sich nicht nur als beliebter Skipper klassischer niederländischer Charterschiffe einen Namen gemacht, sondern auch als begabter Schiffbauer beim Umbau der „Devon" und der recht schnellen „Loth Loriën".

Tolkien	
Herkunftsland	Niederlande
Typ	Top-Segel-Schoner
Länge über alles	41,70 m
Breite	7,80 m
Tiefgang	2,70 m
Masthöhe	32,50 m
Segelfläche	628,00 qm
Anzahl Segel	8
Trainees	36
Tagesgäste	90
Stammbesatzung	10
Maschine	365 PS
Geschwindigkeit uM	12,00 kn

Die „Gorch Fock I" ist die Ahnherrin aller seither als Bark getakelten Segelschulschiffe. Alle haben die Brücke oder das Ruderhaus auf dem Achterdeck, ein Deck über dem Hauptdeck. Auf diesem befinden sich die Räume des Kommandanten sowie die der Offiziere. Unmittelbar vor der erhöhten Back erstreckt sich der Kombüsenaufbau. In den unteren Decks sind Mannschaften, Unteroffiziere und Kadetten untergebracht sowie Unterrichtsräume und Werkstätten. Mehrere Schotten, wasserdicht verschließbare Niedergänge und Verbindungen zwischen den Decks machen diese Neubauten nahezu unsinkbar.

Die Indienststellung erfolgte am 27. Juni 1933 in Kiel, dazu Admiral Raeders Telegram: „...möge Gorch Fock seinen Aufgaben der Heranbildung tüchtiger Führer zur See stets gerecht werden (...) vorwärts für das Vaterland!" 1936 gehörte die „Gorch Fock" zu den großen Sehenswürdigkeiten der Segelolympiade in Kiel.

Mit Kriegsbeginn 1939 endeten die Reisen unter Segeln. Als stationäres Schulschiff, später sogar als Büroschiff, lag die „Gorch Fock" in Kiel: Im April 1944 wurde sie nochmals in Dienst gestellt, und noch am 9. März 1945 erfolgte der Schlepp zum letzten Liegeplatz im Strelasund unweit der Insel Drigge. Das Ende war nicht aufzuhalten. Am 27. April 1945 wurde die „Gorch Fock" abermals außer Dienst gestellt. Der Zusammenbruch an allen Fronten löste den Befehl zur Sprengung aus.

Die Bergungsarbeiten kamen schon 1946 in Gang. 1947 schwamm der Rumpf wieder auf und wurde zur „Schiffsreparaturwerft Wismar" geschleppt. Trotz Materialknappheit gelang es, das Schiff soweit in Stand zu setzen, dass im Jahr 1949 mit dem Wiederaufriggen begonnen werden konnte.

Ende 1951 war das Schiff wieder segelklar. Seitdem fährt sie unter dem Namen „Towarischtsch" (Genosse) für die zivile Seefahrtsschule Kherson (Marine College) in der Ukraine. Die meisten Reisen führten in das Schwarze Meer und ins Mittelmeer. Anlässlich des 175. Jahrestags des Stapellaufs der Fregatte „Constellation" durfte 1972 erstmals ein

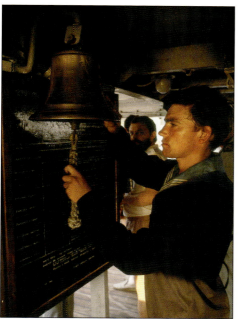

Towarischtsch / Gorch Fock I

Herkunftsland	Ukraine
Typ	Bark
Länge über alles	82,10 m
Breite	12,02 m
Tiefgang	5,25 m
Deplacement	1811,00 ts
Masthöhe	48,70 m
Segelfläche	1857,00 qm
Anzahl Segel	23
Kadetten	134
Lehrer	6
Stammbesatzung	42
Maschine	550 PS

nordamerikanischer Hafen, Baltimore, angelaufen werden. 1981 ging es für 5 Monate nach Südamerika. Die darauf folgenden 9 Jahre gaben zu vielerlei Spekulationen Anlass. Das Schiff wurde kaum mehr gesichtet. Erst 1990 zeigte sich, dass Befürchtungen unberechtigt waren. In befriedigendem Zustand lag die „Towarischtsch" plötzlich in La Coruña. Dringend notwendige Reparaturarbeiten wurden aber 1995 so lange hinausgezögert, bis das Schiff nicht mehr seetüchtig war und in England zum Auflieger wurde. 1999 gelang es dem Verein „Tall Ships Friends" den Segler nach Wilhelmshaven schleppen zu lassen.

Nach vielen Gesprächen gelang es endlich 2003 das Schiff zu kaufen. Im Oktober des gleichen Jahres erreichte der inzwischen äußerst marode Rumpf an Bord eines Dockschiffes Stralsund. Dort, unter dem alten Namen „Gorch Fock", soll nun mit Hilfe des berühmten Segelschiffskonstrukteurs Zygmunt Chorén versucht werden, zunächst als Museum und später wieder unter Segeln, dem Schiff schrittweise zu einem dritten Leben zu verhelfen.

Vegesack BV 2	
Herkunftsland	Deutschland
Typ	Heringslogger, Gaffelketsch
Länge über alles	35,40 m
Breite	5,40 m
Tiefgang	2,50 m
Deplacement	73,75 ts
Segelfläche	430,00 qm
Anzahl Segel	5
Trainees & Passagiere	10
Tagesgäste	30
Stammbesatzung	3
Maschine	108 PS
Geschwindigkeit uM	7,50 kn

Nur unter Segeln fischte die „Vegesack" unter ihrem Fischereizeichen BV 2 (Bremen-Vegesack) bis 1921 in der Nordsee bis hinauf zum 58. Breitengrad. 14 Mann Besatzung mussten sechs Wochen in Nässe und Kälte schuften, bis der Laderaum mit Hering gefüllt war. Statistiken sagen, in den 21 Jahren als segelnder Logger habe sie mit 14 Mann Crew 22604 Kantjes (Heringsfässer) in Bremerhaven für die gerade gegründete „Bremen-Vegesacker Fischereigesellschaft" angelandet. Eine Dampfmaschine für die Netzwinde, die in dieser Zeit an Bord kam, erleichterte die harte Arbeit der Fischer etwas.

Erst 1921 erhielt sie einen 26-PS-Glühkopfmotor, um nun als kleiner Küstenfrachter unter dem Namen „Nostra" Geld zu verdienen. In Schweden, wo sie bis 1979 lag, verkam der inzwischen mehrfach verlängerte Gaffelsegler mit Hilfsmotor.

1979 nahte Rettung, eine Hamburgerin verliebte sich in das Schiff, ließ es restaurieren und begann 1982 mit Jugendlichen des „Rauhen Hauses" (soziale Einrichtung für gefährdete Jugendliche) zu segeln. Nach vielen Mühen gelang es 1989 den gegenwärtigen Besitzern die BV 2 zurückzuholen – gerade rechtzeitig, um das Ende der Traditionswerft noch zu erleben, auf der sie vor mehr als einhundert Jahren als erstes Schiff gebaut wurde.

165

Der Name „Zawisza Czarny" hat in Polens Schifffahrtskreisen einen schon fast sprichwörtlich guten Klang. War die erste „Zawisza Czarny" doch Polens erstes Segelschulschiff und 1934 zugleich erster Segler für Polens Jugend. Namensgeber war der schwarze Ritter aus der Familie der Zawisza, dessen Kampf gegen den Deutschen Ritterorden und für Polens Freiheit im 15. Jahrhundert noch heute gerühmt wird. Der hölzerne Segler, der während des Zweiten Weltkriegs in Deutschland unter dem Namen „Schwarzer Hussar" bei der Marine-HJ eingesetzt wurde, konnte erst 1946 zurückgeholt werden. Der Zustand war jedoch so erbärmlich schlecht, dass er 1949 auf 54°40′ N und 18°34′ O versenkt wurde.

Nachfolger wurde 1960 ein klassisch genieteter Fischlogger aus Danzig, der 1960 zum Schoner umgebaut wurde. 1984 machte das Schiff Geschichte, als es nach dem Ende des „Jaques Cartier Race" in Quebec, anstatt nach Polen zurückzukehren, zum Papstbesuch nach Chicago segelte. Berühmt wurde auch die Weltumsegelung 1999, bei der der 1967 nochmals um 3 m verlängerte Schoner Kap Horn zweimal passierte. Heute segelt die „Zawisza Czarny" häufig im Mittelmeer, nimmt an Windjammer-Regatten teil und verdient, wie andere Schiffe auch, einen Teil der Unterhaltungskosten mit Chartertörns.

Zawisza Czarny (II)

Herkunftsland	Polen
Typ	3-Mast-Stagsegel-Schoner
Verwendung	Segelschulschiff
Länge über alles	42,90 m
Breite	6,76 m
Tiefgang	4,60 m
Vermessung	171,71 BRT
Segelfläche	439,00 qm
Anzahl Segel	10
Trainees	35
Stammbesatzung	5
Maschine	390 PS
Geschwindigkeit uM	9,00 kn

Kampf um *Kap Horn*

Kapitän Robert Miethe, der mit fünf verschiedenen Schiffen insgesamt 42-mal um Kap Horn gesegelt war, hat den Respekt vor dieser rauesten Ecke der sieben Meere nie verloren: „Am Kap Horn hat der Teufel so viel Unheil angerichtet, wie er nur konnte. Ein Schiff oder Männer mit einem Handicap haben da nichts zu suchen, besonders nicht im Winter." Miethe gehörte noch zu jenen legendären Kapitänen, die selbst ein Segelschiff um das berüchtigte Kap geführt haben. Um diese Südspitze des amerikanischen Kontinents ranken sich

In der Kap-Horn-Region wuschen immer wieder schwere Seen über die Decks der tief abgeladenen Windjammer. Damit die Männer dabei nicht mit über Bord gerissen wurden, wurden über der Reling Sicherheitsnetze gespannt. Die Besatzungen nannten sie „Leichenfänger" (links).
Auch unter dem Klüverbaum gab es ein Sicherheitsnetz – allerdings längst nicht auf allen Schiffen. Wenn der Bug in tiefe Wellentäler tauchte, wurden die Arbeiten an den Vorsegeln sehr gefährlich. Sicherheit auf See wurde erst im 20. Jahrhundert beachtet (unten).

Legenden, und sie wurde zum großen Mythos der Segelschifffahrt. Es sind Erzählungen, die aus einer anderen Zeit zu stammen scheinen. Und doch gibt es Menschen, die diese Zeit noch selbst erlebt haben. Sie allein können Antwort geben auf die Frage: Was davon ist Wahrheit und was ist von den Menschen an Land gern aufgenommenes Seemannsgarn? Die Küsten der Welt sind gespickt mit gefährlichen Kaps, stürmischen Regionen und tückischen Untiefen. Was also ist das Besondere gerade an Kap Horn?

Die geographischen, ozeanographischen und meteorologischen Einflüsse sind schnell aufgezählt. Zum einen ist Kap Horn der südlichste Punkt Amerikas, gelegen auf 55° 59' Süd 67° 14' West auf der Insel Horn mit einer 424 m hohen Erhebung.

Stürme können sich plötzlich und heftig bis zu Orkanstärke mit 160 km/h entwickeln, sind aber oft nur von kurzer Dauer. Ebenso schnell tritt unvermittelt Windstille ein. Selbst im Sommer kommen plötzlich Nebel und Schneestürme auf. Der Wind weht an

fünf von sieben Tagen aus westlicher Richtung. Das Kap liegt im Einflussbereich von Tiefdruckwirbeln, die auf ihrer oberen Seite westliche, auf ihrer unteren Seite östliche Winde mit sich führen. Es gibt eine Furche niederen Luftdrucks sowie Stürme, die mit zunehmender geographischer Breite immer häufiger werden.

An Kap treffen zwei Ozeane aufeinander. Deren Wassermassen, immer wieder von Weststürmen aufgepeitscht, verändern beim Auftreffen auf den Festlandsockel ihre Form. So bilden sich örtlich hohe Kreuzseen. Ganze Wellenzüge aus verschiedenen Richtungen treffen zusammen und steilen sich auf. Es wurden bis zu 18 Metern hohe Wellen gemessen.

Seeleute erlebten all diese Einflüsse zusammen und damit die Hölle: Segelschiffe mussten dort ständig gegen den Westwind aufkreuzen, verloren wieder Raum, kreuzten erneut auf, die Mannschaften standen auf überspülten Decks, kamen nächtelang nicht zum Schlafen und kaum aus ihrer nassen Kleidung. Die Män-

Als Frischproviant reisten lebende Tiere auf den Schiffen mit. Es gab einen Schweinestall, die Tiere mussten von den Schiffsjungen gefüttert werden und erhielten Essensreste. Auch einen Hühnerstall gab es. Die Eier kamen aber nur der Schiffsleitung zugute. Die Tage, an denen die Tiere zubereitet wurden, galten als Festtage (links).
Schwere Seen machten den Mannschaften der Rahsegler zu schaffen. Sie wuschen mit ungeheurer Kraft über die Decks und zerstörten alles, was sich ihnen in den Weg stellte. Erst als die Reederei Hochdecks mit Laufbrücken einführte, gab es sichere Arbeitsplätze (rechts oben).
Außerdem unterschätzten Dampfschiffe die Geschwindigkeit der Segler. So missachteten sie deren absolute Vorfahrt und es kam immer wieder zu Kollisionen (rechts unten).

ner arbeiteten mit klammen, kalten Händen im oft eisverkrusteten Rigg und mussten dabei noch sehen, dass sie den Halt nicht verloren. Sie mussten ständig damit rechnen, dass ihnen Orkanböen die Segel zerrissen oder gewaltige Brecher an Deck erhebliche Verwüstungen hinterließen. Kapitäne mussten sich die einzelnen Kreuzschläge genau überlegen.

Segelten sie zu weit nach Süden, dann drohten Eisberge, die so groß waren, wie die Insel Helgoland. Segelten sie zu weit nördlich, dann drohte eine kahle, felsige Küste, deren einzelne Namen schon nichts Gutes verhießen: Desolate Bay (Trostlose Bucht), Hately Bay (Grollende Bucht) oder Deceit Island (Trügerische Insel).

Und selbst wenn die Schiffe auf dem Weg zurück nach Osten vor dem Wind segelten, war es kein Vergnügen. Hohe Seen drohten über das Heck zu brechen, manchmal stand das ganze Achterdeck unter Wasser. Auf dem in der wilden See rollenden Schiff konnten überkommende Seen durch die Speigatten nicht schnell genug ablaufen, sie schlugen hin und her, sie waren für die Männer an Deck eine ständige Lebensgefahr. Mit seiner Gewalt konnte dieses Wasser sogar dicht verschalkte Lukendeckel einschlagen.

Bei achterlichen Winden war die Anströmung des Wassers auf das Ruderblatt so turbulent, dass drei oder vier Mann am Ruder stehen mussten, um es halten zu können. Das Ruder muss-

te in solchem Wetter schnell und mit größerer Ruderlage bedient werden, um ein Querschlagen des Schiffes zu verhindern.

Trotz alledem segelten Jahr für Jahr hunderte von Schiffen um Kap Horn. Sie transportierten zwei Rohstoffe, die Chile im Überfluss hatte und die Länder wie Deutschland dringend benötigten. Salpeter aus der Atacama-Wüste und Guano, Vogelmist von vorgelagerten Inseln, brauchten Europas Bauern zum Düngen ihrer Felder, um eine rasch anwachsende Bevölkerung ernähren zu können.

Nach dem Salpeterkrieg 1879–1883 gegen Peru und das mit ihm verbündete Bolivien um die Salpeterlager in der Atacama-Wüste hatte Chile das Weltmonopol für Salpeter. Deutschland war einer der wichtigsten Abnehmer. Zu den bekanntesten Reedern, die ihre Schiffe von Deutschland aus an die südamerikanische Westküste schickten, gehörte der Hamburger Friedrich Laeisz. Er war eigentlich ein Hutmacher, dessen Unternehmen in Südamerika eigene Filialen unterhielt und der Chile bei seinen Reisen selbst kennen gelernt hatte. Er erkannte die Chance im Salpeterhandel und schickte von 1852 an eigene Schiffe auf die Südamerikafahrt. Die Schiffe hatten keine Maschine und segelten noch bis in die 30er Jahre des 20. Jahrhunderts hinein nur mit der Kraft des Windes.

An seine Kapitäne und Mannschaften stellte Laeisz hohe Ansprüche. Ebenso wie an die Schiffe. Von ihm stammt der oft zitierte Ausspruch: „Meine

Schiffe können und sollen schnelle Reisen machen." Die Namen der Laeisz-Schiffe fingen damals und fangen auch heute noch mit einem „P" an. Wegen ihrer schnellen Reisezeiten belegten Seeleute sie weltweit mit dem Ehrentitel „Flying-P-Liner". Diese legendär schnellen und stark konstruierten Schiffe bauten in Deutschland zwei Werften, Tecklenborg an der Unterweser und Blohm + Voss in Hamburg. Es waren stählerne Schiffe, die von fähigen und erprobten Kapitänen um Kap Horn geführt wurden und die gute Fahrt machten, wenn andere Schiffe schon längst ihre Segel gerefft hatten oder ganz abdrehen mussten.

Der Erste Weltkrieg beendete die Salpeterfahrt und er reduzierte die Flotten der Segelschiffe. Denn nun machten Kriegsschiffe gezielt Jagd auf Segelschiffe. Transportierten sie doch die kriegswichtig gewordene Chemikalie Salpeter, die auch für die Herstellung von Sprengstoffen benötigt wurde. Nach dem Krieg waren zwei Drittel der Großsegler vernichtet oder unbrauchbar geworden.

Segelschiffe aus aller Welt, die bei Ausbruch des Krieges in den neutralen chilenischen Gewässern lagen, blieben dort während der Kriegsjahre. Die Mannschaften durften nicht von Bord, die Behörden befürchteten Schlägereien zwischen den verfeindeten Nationen. Erst 1920 kehrten die Segler nach Europa zurück. Die deutschen Schiffe über 1.600 BRT mussten allerdings als Kriegsreparationen an die Siegermächte abgeliefert werden. Reeder wie Laeisz kauften ihre Schiffe später zu günstigen Preisen zurück. Denn die Siegermächte fanden gar keine Mannschaften mehr, um sie in Fahrt zu bringen.

So fuhren in den zwanziger und dreißiger Jahren noch einmal deutsche Salpeter- und Guanosegler um Kap Horn an die chilenische Küste. Mit überarbeiteten Schiffen und wenigen Neubauten wurden zwischen den beiden Weltkriegen noch einmal Windjammer-Rennen um Kap Horn gesegelt. Das letzte im November 1938. Die nur halb abgeladene Viermastbark „Priwall" schaffte die Strecke durch die Kap-Horn-Region in fünf Tagen, 18 Stunden. Kapitän Adolf Hauth war keine Wahl geblieben. Er wäre auf den Felsen gestrandet, wenn er nicht alle Segel stehen gelassen und sein Schiff durchgeknüppelt hätte. Denn für eine Wende war der Sturm zu schwer und für eine Halse war nicht mehr genug Raum. Es war ein letzter großer Triumph der Windjammer. Ein Triumph freilich, von dem die Mannschaft kaum etwas mitbekam.

Heiner Sumfleth, der damals seine zweite Reise auf der „Priwall" machte: „Wir erfuhren ja kaum die Schiffspositionen. Natürlich merkten wir, dass wir gut um Kap Horn herumkamen und freuten uns darüber. Aber dass es eine Rekordreise war, das

Um die Wende zum 20. Jahrhundert gaben Reeder in Frankreich und Deutschland immer größere Schiffe in Auftrag. Sie trugen, wie dieses Schiff der Bremerhavener Reederei Rickmers, fünf Masten. Das größte Segelschiff, das jemals gebaut wurde, war die berühmte „Preussen", ein Fünfmast-Vollschiff der Hamburger Reederei Laeisz. Doch die großen Segler waren unwirtschaftlich. Sie fanden nur selten ausreichend Ladung auf der Ausreise nach Chile, konnten jedoch eine große Ladungsmenge zurück nach Europa bringen (links).
Die „Zöglinge", wie die Schiffsjungen genannt wurden, mussten für die Ausbildung bezahlen. In Schulen an Land wurden sie auf ihre Aufgabe vorbereitet (rechts oben).
Die frachttragenden Segler wurden auch als Schulschiffe eingesetzt (rechts unten).

haben wir niemandem angemerkt. Es gab keinen Jubel, keinen Extraschnaps oder eine besondere Anerkennung. So gefühlsbetont war man an Bord nicht. Wir waren zum Arbeiten da und nur das zählte ..."

Wieder einmal waren es die Menschen an Land, die diese Leistung am meisten bewunderten. Die chilenischen Zeitungen berichteten von der schnellen Reise. Robert Miethe, der Segelschiffskapitän, der sich in Südamerika niedergelassen hatte, mochte es kaum glauben: „Ich dachte, die Zeitungen hätten die Zahlen verwechselt – 14 Tage und fünf Stunden. Es war eine großartige Leistung!"

Segelschiffe, die den Hamburger Hafen verließen, wurden bis in die Elbmündung geschleppt. Einen eigenen Maschinenantrieb hatten sie nicht und auf der Elbe konnten sie nicht gegen den Westwind aufkreuzen (links oben).
Der Suezkanal ermöglichte Dampfern eine Abkürzung von 16400 Kilometern auf dem Weg von Europa nach Asien. So wurden sie zur Konkurrenz für Segler (links unten).
Zu den schönsten Erinnerungen an ihre Segelschiffszeit zählen für viele Seeleute die Tage in der Passatregion mit stetigen Winden und warmer tropischer Luft (unten).

Der zweite bekannte Reeder von frachttragenden Großseglern war der Finne Gustaf Erikson von den Ålandinseln. Schon mit 19 war er Kapitän auf einem Schoner, der Handel in der Nord- und Ostsee betrieb. Zwei Jahre später wurde er Steuermann auf einem Hochseeschiff, neun Jahre später Kapitän auf einer der großen åländischen Barken. Es war die typische Karriere eines tüchtigen Åländers. Doch die wurde jäh beendet, als Erikson als Kapitän aus der Takelage seines Schiffes stürzte und sich dabei so schwer verletzte, dass sein Bein für immer verkrüppelt blieb.

Seine umfangreichen seemännischen Erfahrungen nutzte Erikson, um sich ab 1913 eine eigene Reederei aufzubauen. Nach dem Ersten Weltkrieg konnte er sich eine große Windjammerflotte zusammenkaufen. Denn Segler waren inzwischen zu Spottpreisen auf dem Markt.

Für das ehemalige Schulschiff des Norddeutschen Lloyd, die „Herzogin Cecilie", brauchte er nur 4000 Pfund Sterling – das waren damals etwa 80000 Mark – an die Franzosen zu zahlen. Sie hatten das Schiff als Reparationsleistung erhalten und wollten es schnell abstoßen.

Die „Herzogin Cecilie" fuhr auf derselben Route wie alle anderen Segler Eriksons: Von Europa um das Kap der Guten Hoffnung nach Australien und dann voll beladen mit Weizen um Kap Horn zurück nach Europa. Die Schiffe Eriksons liefen also vor dem Westwind ums Kap und brauchten nicht gegen die stürmische See anzukreuzen.

An den Stammtischen von Cap Horniers wurde deshalb immer wieder scherzhaft darum gestritten, wer die besseren Seeleute waren – die Männer auf den Laeisz-Schiffen, die das Kap auf jeder Reise zweimal umrunden mussten, einmal gegen und einmal mit dem Wind, oder die Männer Eriksons.

Das Ende der Kap-Horn-Segler war schon vor dem Zweiten Weltkrieg nicht mehr aufzuhalten. Laeisz und Erikson gaben die Kap-Horn-Fahrt auf. Der letzte Segler, der gegen Entgelt Ladung um Kap Horn segelte, war eine Viermastbark unter peruanischer Flagge mit einer Ladung Guano. Sie sank am 26. Juni 1958. Ihr Name war „Omega", der letzte Buchstabe des griechischen Alphabets, auch Symbol für das Ende aller Dinge.

Ende der traditionellen Segelschifffahrt um 1900

Nach dem Zweiten Weltkrieg unternahmen Reedereien in Deutschland noch einmal einen Versuch, Nachwuchs für die Seefahrt auf Segelschulschiffen auszubilden. Einer der Initiatoren war Kapitän Helmut Grubbe, der 1929 selbst als Matrose auf der „Pamir" gefahren war. Er bewog den Lübecker Reeder Heinz Schliewen, die beiden Schiffe „Pamir" und „Passat", die bei einer belgischen Abwrackwerft lagen, zu kaufen und zu frachttragenden Segelschulschiffen umbauen zu lassen.

So zogen Schlepper die Schiffe im September 1951 von Belgien nach Kiel. Sie wurden auf einer Werft bis ins Detail geprüft, Rumpfplatten ebenso auf ihre Stärke untersucht, wie sämtliche Rahen und das stehende und laufende Gut. Die Klassifikationsgesellschaft Germanischer Lloyd beaufsichtigte die Arbeiten und erfahrene Windjammerkapitäne führten die Bauaufsicht. Außerdem erhielten beide Schiffe erstmals in ihrem Dasein Hilfsmaschinen als Antrieb. Die Schiffe sollten ihre Ausbildungsreisen durch die Übernahme von Ladung selbst finanzieren. Es ist heute nicht mehr festzustellen, ob Reeder Schliewen von den hohen Frachtraten des Koreakriegs beeinflusst wurde, die seine Kalkulationen in einem günstigen Licht erscheinen ließen, oder ob es die Begeisterung für alte Segelschiffe war, die schon so manchen Schiffsliebhaber blind gegenüber Kosten und Risiken werden ließ. Wirtschaftlich jedenfalls ließen sich die beiden Segler nicht betreiben, 1953 musste Schliewen Konkurs anmelden.

Auf die Ausbildung unter Segeln aber wollte man nicht verzichten. So gründeten 40 deutsche Reeder ein Konsortium, das die beiden Schiffe weiter betrieb. Sie fuhren zwischen Deutschland und der südamerikanischen Ostküste, also nicht mehr um Kap Horn. So gehörte auf der Rückfahrt nach Europa Getreide zu ihrer bevorzugten Ladung. Es wurde allerdings nicht mehr in Säcken geladen, wie noch zur Zeit der Weizensegler zwischen Europa und Australien, sondern als Schüttgut lose in die Laderäume geschüttet. Das Übergehen dieser Ladung soll Ursache für den Untergang der „Pamir" gewesen sein.

Der Hurrikan „Carrie" beendete am 21. September 1957 südwestlich der Azoren schlagartig dieses Kapitel der Seefahrtsgeschichte. Er fiel über die deutsche Viermastbark „Pamir" her, ließ das Schiff kentern, versenkte es in kurzer Zeit und forderte 80 Todesopfer. Nur fünf Mann überlebten.

Nach dem tragischen Untergang der „Pamir" stellte auch die „Passat", die ebenfalls in einen Wirbelsturm geraten war, ihn jedoch überstand, ihre Ausbildungsfahrten ein. Deutschland änderte ein Gesetz. Für angehende Nautiker war es von da an nicht mehr vorgeschrieben, vor dem Besuch der Seefahrtschule Fahrtzeit auf einem Segelschiff nachzuweisen.

Die *Renaissance* der Segelschiffe

„Unicorn", ein ehemaliger Frachtschoner, segelt heute mit Passagieren in der Karibik.

Neues Leben für alte Schiffe

„So etwas Schönes habe ich noch nie gesehen" staunte der damalige Bundespräsident Heinemann, als am Morgen des 3. September 1972 die ersten Windjammer langsam aus dem Morgendunst vor der Küste Fehmarns auftauchten.

An der Spitze segelte in der leichten Morgenbrise die „Gorch Fock", direkt dahinter „Eagle" und „Christian Radich". Auf Parallelkurs die „Dar Pomorza", die die zweite Kolonne dieser bis heute schönsten Windjammer-Parade anführte. Dahinter, und nun schon im gleißenden Sonnenlicht, folgte die endlose Reihe der hundert Schoner, Briggs und klassischen Hochseeyachten, die alle gekommen waren, um nach Ende der Windjammer-Regatta in der Olympia-Stadt Kiel die Geschichte des Segelns zu demonstrieren.

Der Eindruck, den die erste Windjammer-Parade nicht nur an der Küste, sondern in ganz Deutschland hinterließ, war gewaltig. Jahrelang sah man als Pausenfilme noch die eindrucksvollen Bilder dieser Parade, die Kiel anlässlich der Segelolympiade ausgerichtet hatte.

Den Durchbruch brachte dieses Ereignis auch für jene Hand voll „Spinner", die seit Ende der 60er Jahre damit begonnen hatten, die letzten Zeugen maritimer Vergangenheit vor dem Abwracken zu bewahren. In mühevoller Kleinarbeit restaurierten sie hölzerne Ewer und eiserne Frachtsegler.

Jedes Teil musste damals selbst hergestellt werden. Firmen wie „Topplicht", die inzwischen jeden Traditionssegler perfekt ausrüsten können, gab´s noch nicht. Sie entstanden erst in den folgenden Jahren, in denen aus der Marotte Einzelner ein respektables Geschäft geworden war.

In diesem Zusammenhang muss auch auf das Bewahren alter Handwerkstechniken und Berufe hingewiesen werden. Ohne diese „unbelehrbaren Fanatiker" würde es heute viele Berufe nicht mehr geben. Takler und Segelmacher, damals ein aussterbendes Gewerbe, sind nun wieder, zusammen mit den Bootsbauern, gesuchte Berufe und wichtige Steuerzahler in den Küstenländern.

Die "Oosterschelde" ist der Stolz der größten Hafenstadt der Welt. Mit Hilfe der Hafenwirtschaft Rotterdams wurde der Dreimast-Toppsegelschoner 1992 denkmalsgerecht restauriert. Er umrundete die Welt und bezwang sogar Kap Horn (unten).
Die "BV 2-Vegesack" ist auf jeder Kieler Woche mit Gästen vieler Wirtschaftsunternehmen unterwegs. Bei Bier, Erbsensuppe oder delikaten Häppchen mit Sekt wird die Sportwoche zum Genuss und zur Basis erfolgreicher Geschäfte (rechte Seite, links oben).
Unter britischer Flagge segelt die „Eye of the Wind" heute als Brigg mit Chartergästen auf allen Meeren der Welt. Sie ist einer der letzten der berühmten Lühring-Schoner, die um 1911 an der Unterweser gebaut wurden (rechte Seite, rechts oben).
Unter dem Namen „Vanadis" ließ ein schwedischer Fabrikant 1868 den schnellen Schoner als Privatyacht bauen. Nach einer wechselvollen Geschichte im Dienst der schwedischen Marine kam er nach Deutschland und segelt seitdem unter dem Namen „Valdivia" mit Gästen (rechts unten).

Jugend unter Segeln

„Auf dem Segelschiff sollen Jugendliche aus allen sozialen Schichten, Mädchen und Jungen, Schüler, Auszubildende, junge Arbeiter und Angestellte, Beamte und Selbständige, Jugendliche aller Bekenntnisse, Weltanschauungen, Rassen und Nationalitäten zusammengeführt werden, um

- Fertigkeiten zu lernen, Sorgsamkeit und Konzentration zu üben,
- befähigt zu werden, dem/der anderen zu helfen und auf ihn/sie einzugehen,
- Teamgeist zu erleben und zu lernen,
- Verantwortung für andere, für das Schiff und sich selbst zu übernehmen,
- bei Unternehmungen zu Wasser und zu Lande mit Umsicht, Mut und Ausdauer die gestellten Aufgaben zu meistern,
- durch körperliches Training Ausdauer und Gewandtheit zu verbessern.

Das gemeinsame Segeln eines großen Segelschiffs ist ein Abenteuer, wie es unsere heutige asphaltierte, pflegeleichte und konsumorientierte Zivilisation an Land kaum noch hergibt. Die Einzelnen werden zu Kameradschaft, Kooperation und Teamgeist herausgefordert. Nur wenn alle an den ihnen zugewiesenen Plätzen mitmachen, werden Segel gesetzt, wird Kurs gehalten, werden alle satt, kommen alle an..., die Naturgewalt fordert Umsicht, ... die Enge an Bord verlangt gegenseitiges Rücksichtnehmen. ... Erziehung durch die See, nicht für die See ist das Ziel."

Hinter diesen Leitsätzen, die der engagierte Hamburger Jugendbetreuer und Studentenpastor Wolfgang Wiedemann für die Jugendarbeit auf und mit Segelschiffen formulierte, stehen die Ideen des weltberühmten Pädagogen Kurt Hahn. Nach seinen erlebnispädagogischen Grundsätzen arbeiten die berühmtesten und exklusivsten Internate wie Salem am Bodensee oder Gordonstoun in Großbritannien. Auf nahezu allen von Schulen oder von Vereinen ernsthaft geführten Segelschiffen arbeitet man heute sehr überzeugt nach diesen Vorgaben.

In Deutschland ist es vor allem die „Thor Heyerdahl", die durch die mehrfach ausgestrahlte Fernsehserie

Die „Undine" ist eines der ehrgeizigsten Erziehungsprojekte unter Segeln. Sie ist als Vorzeigeobjekt des „Oldtimer-Papstes" Jochen Kaiser ein hervorragendes Beispiel von gelungener Restaurierung bei hoher Praxistauglichkeit (unten).
Wer heute die schwarze, äußerst seetüchtige Brigg sieht, ahnt bestimmt nichts von der Geschichte der „Roald Amundsen". Gebaut als Tanker auf einer Werft an der Oberelbe, war sie für die Volksmarine eines der ersten Schiffe, die Detlev Löll nach seinen Ideen zum Großsegler umbaute (rechts).

„Johann Smidt" und „Seute Deern" (TS G143) gehören beide zu Deutschlands ältester und wichtigster Jugend-Segelorganisation: „Clipper–Deutsches Jugendwerk zur See".

"Junge Herzen" bundesweit bekannt wurde. Der Eigner und Kapitän Detlev Soitzek, zunächst belächelt wegen der konsequenten Durchsetzung der Ideen Kurt Hahns, betreibt heute sein Schiff äußerst erfolgreich.

Nicht bewährt haben sich offenbar Schiffe, die mit straffälligen Jugendlichen unterwegs waren. Das Schweizer Projekt mit dem Schoner „Ei Pirata" wurde nach dem Untergang des Schiffes in der Biskaya nicht weitergeführt, die „Outlaw" in Bremen stillschweigend „aus dem Verkehr" gezogen. Welche Gründe letztendlich zur Aufgabe geführt haben, ist nicht klar, da bisher eine echte wissenschaftliche Begleituntersuchung noch nicht erschienen ist.

Lotsen und Kapitäne fahren in ihrem Jahresurlaub die vier Schoner des ältesten Vereins, der sich dem Segeln mit Jugendlichen verschrieben hat. „Clipper–Deutsches Jugendwerk zur See e.V." Seit 1973, als mit dem ehrwürdigen Schoner „Seute Deern" (nicht zu verwechseln mit „Seute Deern im „Deutschen Schifffahrtsmuseum", Bremerhaven) die ersten Gruppen zu Ostseetörns ausliefen, ließen sich mehr als 70000 Jugendliche, im Winter und Herbst auch Erwachsene, vom Leben auf traditionellen Großseglern begeistern.

Der „Deutsche Stiftung Sail Training" (DSST), einer Tochter der deutschen „Sail Training Association" (STAG) in Bremerhaven, gehört die „Alexander von Humboldt". Der grüne Rahsegler, im Sommer bei den „Tall Ships´ Races" im harten Kampf mit anderen Jugendschiffen, segelt im Winter mit anderen Schiffen meist im Seegebiet der Kanarischen Inseln. Trotz des ganzjährigen Einsatzes des ehemaligen Feuerschiffs gehört einiges Glück dazu, eine freie Koje zu erobern.

Auch die „Alex", das größte Schiff der deutschen Flotte der Jugendsegler, lebt vom Engagement der Mitglieder seines Trägervereins, der STAG. Nur mit Kapitänen, Nautikern, Ingenieuren, Köchen als Stammcrew, die diese Funktionen an Bord ehrenamtlich ausfüllen, lassen sich diese Schiffe betreiben. Müsste man eine bezahlte Mannschaft anheuern, kein Jugendlicher wäre in der Lage, die dann nötigen Törnbeiträge aufzubringen. Auch wenn ältere, nicht mehr in der Ausbildung befindliche Mitsegler höhere Törnbeiträge bezahlen müssen, ohne kommerzielle „Einschübe" im Programm, wie zur Kieler Woche und ähnlichen Hafenevents mit Tagescharters sowie Wintertörns in die Karibik bzw. zu den Kanarischen Inseln, lässt sich keiner dieser Segler auf Dauer finanzieren und den ständig steigenden Anforderungen der Behörden entsprechend umrüsten.

Der extrem schlanke Dreimastschoner „Amphitrite" gehört ebenfalls zu Clipper. Abenteuerlich ist die Geschichte der 1887 bei Camper & Nicholson gebauten Rennyacht, die zwischendurch für den Vizekönig von Indien fuhr, als Filmkulisse fast gesunken war, und nun mit Jugendlichen segelt (links oben).
Die schwedische Bark „Gunilla" ist zur Zeit der einzige Großsegler der Welt, der einer Schule gehört. Fünf Monate im Jahr steht er allerdings auch Chartergästen und Firmen zur Verfügung, die die Seminarräume gerne bei Schulungen und Studienreisen nutzen (links unten).
Die Bark „Alexander von Humboldt" kennt jeder durch die Werbung der Bremer Brauerei Becks. Diese Einnahmen sind mit die Basis für die erfolgreiche Jugendarbeit der „Deutschen Stiftung Sail Training", der das Schiff gehört (rechts).

Luxus pur auf Passagierseglern

Um den dauerhaften Erhalt der Schiffe zu sichern, blieb den Eignern bis heute kaum eine andere Möglichkeit, als in das Chartergeschäft einzusteigen. Reich wurden sie dabei nicht, aber zum Leben war's genug und die Schiffe blieben am Leben. Die Restaurierung, gerade der Schiffe mit Spanten und Planken aus uralter Eiche, brachte ungeahnte Probleme. Manches als Wiederherstellung in Eigenarbeit geplante Projekt entwickelte sich zum Fast-Neubau, zog sich über Jahre hin, ließ Ehen und Partnerschaften zerbrechen.

Firmen und Psychologen entdeckten für die Schiffe gerade noch rechtzeitig den Wert des gemeinsamen Segelns auf historischen Schiffen, ohne kräftesparende Winden, für die Hinführung zu mehr Teamfähigkeit und Stressabbau. Regelmäßig schicken inzwischen große Betriebe Mitarbeiter, vom Topmanager bis zum Auszubildenden, an Bord. Nirgendwo kann man so unmittelbar erfahren, dass der Einzelkämpfer bei vielen Aufgaben einfach versagen muss. Nur an Bord eines Schiffes ist man so unmittelbar auf den Crewkameraden angewiesen – niemand kann allein ein großes Segel im Wind bändigen, kann gleichzeitig steuern, Ausguck gehen, Essen kochen und notwendige Reparaturen durchführen, das funktioniert nur im Team.

In den Niederlanden entstand in diesen Jahren die „Braune Flotte". Hunderte alter Klipper, Tjalken, Botter und Skutjes kamen wieder in Fahrt, zu Segelschiffen zurückgebaut. Zunächst boten sie für durstige Kegelvereine kaum mehr als Jugendherbergskomfort. Die Crew besteht bis heute meist nur aus Skipper und Bootsmann, bzw. immer häufiger auch aus der „Bootsfrau". Jeder muss mit anpacken.

Liegt's an den Managern, die bei ihren „Psycho-Törns" Geschmack am Segeln auf Oldtimern gefunden haben und nun an Incentive-Reisen interessiert sind, bzw. hoffen, auf Törns mit Geschäftspartnern lohnende Geschäfte anbahnen zu können, oder einfach am Trend zu mehr Komfort bis hin zum Luxus – es entstand jedenfalls eine erhebliche Nachfrage nach traditionellen Schiffen, die Romantik mit Komfort verbinden.

Die Ersten, die darauf reagierten, waren wieder die Holländer. Viele Schiffe wurden abermals umgebaut, die großen Kammern mit 8 und mehr Kojen wichen kleineren Kabinen mit 2–3 Kojen, Nasszellen wurden Standard. Einzelbucher sind nun fast ebenso wichtig wie Gruppen. Die Segelreviere, zu Anfang im Wesentlichen auf das Ijsselmeer beschränkt, reichen nun von Spitzbergen bis zu den Kapverdischen Inseln, mit dem neuen Schwerpunkt Ostsee. Neubauten, wie die größte Brigantine der

Unglaublich, aber wahr: Die Barkentine „Peace" war einstmals ein Hochseetrawler eines polnischen Fischfangkombinats (unten).
Der Klipper „Stad Amsterdam" ist das vollkommenste Segelschiff, das Gästen zur Zeit zur Verfügung steht. Windjammerfans und Firmen stehen Schlange, um diesen Traum unter Segeln zu buchen (rechts).

Die „Artemis", Hollands größte Bark, gehört mit ihren beiden großen Decksalons zu den komfortabelsten Charterschiffen. Meist wird sie aus diesem Grund für Tagesfahrten eingesetzt oder zu romantischen Abendfahrten während der großen Windjammer-Treffen (links).

Schlichtere Eleganz prägt die „Sea Cloud II". Service und Komfort stehen dem der berühmten Schwester in nichts nach (rechts).

Welt, die „Swan fan Makkum" oder die vom Feuerschiff zur schmucken Bark umgebaute „Europa", finden seitdem auf beiden Seiten des Atlantiks ihr begeistertes Publikum. Inzwischen erfüllt eine bunte Mischung von wunderschön restaurierten Schonern, Brigantinen, Barkentinen bis zum eleganten, klassischen Klipper „Stad Amsterdam" jeden Wunsch.

Diese hohen Ansprüche konnte zunächst nur ein Schiff erfüllen, eines, das auch heute noch unumstritten einfach das Traumschiff ist, die legendäre „Sea Cloud". Es gibt fast keinen maritimen Superlativ, der auf dieses Schiff nicht zutrifft. Sie ist die letzte Viermastbark, die gebaut wurde, sie ist bis heute die größte private Segelyacht der Welt mit den höchsten Masten (59 m), mit den Skysegeln, die nur noch auf dieser Bark gefahren werden. Legende sind die goldenen Wasserhähne, die Marmorkamine in Kabinen, Salons und Speisesaal, ebenso wie der weiße Gummibelag, der die Niedergänge bis hinunter zum Maschinenraum bedeckte. Niemand ahnte in Europa, dass dieser Segler 1978 in der Karibik seinem Ende entgegendämmerte.

1931 als letztes Segelschiff auf der Krupp-Germania-Werft in Kiel für den Kaufhauskönig Hutton, bzw. seine Frau gebaut, diente er später dem amerikanischen Botschafter als schwimmende Residenz, fuhr während des Zweiten Weltkriegs Patrouille gegen deutsche U-Boote, ging in den Besitz des Diktators General Trujillo über und nach dessen Tod wieder für einige Jahre in amerikanische Hände. Einer dieser Besitzer investierte sogar noch einmal 1 Million Dollar. Schließlich geriet sie an Spekulanten, die einmal Kreuzfahrten unternehmen wollten, ein andermal sollte sie mit Kindern wohlhabender Eltern nach dem Vorbild der „Te Vega" als schwimmendes Internat unterwegs sein. Kein Wunder, dass das nicht klappte. Inzwischen setzte das tropische Klima den vielen edlen Hölzern, die bei der Einrichtung verbaut worden waren, arg zu. Nur ein Verrückter, so die einhellige Meinung aller „Experten", konnte es riskieren, mit solch einem gerade noch schwimmendes Wrack über den Atlantik nach Hamburg zu segeln, und daran glauben, daraus wieder den weißen Schwan erstehen zu lassen.

Der Erfolg gab ihm recht. Seit 1980 segelt die „Sea Cloud", die frühere „Hussar II", wieder. Sie bietet jeden nur erdenklichen Komfort. Um die Nachfrage zu befriedigen, entschlossen sich 1999 die Hamburger Eigner sogar, ein zweites Schiff zu bauen, die „Sea Cloud II". Im Stil moderner, aber immer die Tradition wahrend, sowohl bei der Ausstattung der Kabinen und in den den Gästen zur Verfügung stehenden Bereichen als auch in der Linienführung der Bark. Die gleiche Zielgruppe hat Michael Krafft im Auge, ein erfolgreicher Reeder, exzellenter Segler und fanatischer Liebhaber alter Schiffe. Drei Großsegler gehören heute zu seiner Flotte, die mit viel Mühe restaurierte Schoneryacht „Doriana", sowie eine Museumswerft im Mittelmeer. Das Flaggschiff, der Fünfmaster „Royal Clipper" sowie die großen Barkentinen „Star Clipper" und „Star Flyer" sollen nach dem Willen der Familie noch nicht das Ende sein. Weitere Neubauten sind fest eingeplant. Ob dazu auch die in Frankreich geplante „France II" gehört, ein weiterer Fünfmaster, wird die Zeit erweisen.

Einen ganz anderen Weg beschritten französische und amerikanische Reedereien. Sie gaben ab 1986 fünf Schiffe in Auftrag, die radikal mit allem brachen, was man sonst unter Segelschiffen verstand. Die fast 200 m langen Fünfmast-Stagsegelschoner der Windstar Cruises und des Club Mediterranée bieten den Komfort und das Unterhaltungsangebot eines moder-

193

Das Fünfmast-Vollschiff „Royal Clipper" ist das Traumschiff aller verwöhnten Windjammerfreunde, die Kombination von Luxus, modernster Technik und traditionellem Ambiente ist einzigartig auf den Meeren der Welt.

nen Kreuzfahrtschiffs, kombiniert mit dem Sportangebot eines Ferienclubs. Eine Art zur See zu fahren, die vor allem amerikanische Gäste schätzen. Alternativen finden abenteuerlustige „Typen" auf den norwegischen Segelschulschiffen sowie denen Russlands und der Ukraine. Sie können alle nur mit zahlenden Gästen überleben. Ist die Teilnahme an der Bordroutine auf den Windjammern der osteuropäischen Staaten freiwillig, so können die norwegischen Schiffe ohne ihre Trainees eigentlich überhaupt nicht segeln. Geschlafen wird bei den rauen, aber herzlichen Wikingern wie früher, meist in Hängematten.

Mit der „Lili Marleen" besetzte der im Herbst 2003 verstorbene Reeder Deilmann eine Marktlücke. Die Barkentine ist klein genug, um in den Passagieren das Gefühl zu erwecken, auf einer großen Yacht zu segeln (links).
Dem ehemaligen deutschen Feuerschiff ist der Umbau zur schmucken Bark „Europa" gut bekommen. Auf Weltreisen, Windjammer-Regatten und Chartertörns hat sich das Schiff einen treuen Kundenkreis geschaffen (rechts oben).
Die Schiffe der Club-Med-Flotte verkörpern den amerikanischen Traum vom Segeln. Sie sind im Grunde elegante Kreuzfahrtschiffe, die Segel nur noch Kulisse (rechts unten).

Kein Passagierschiff übertrifft die „Sea Cloud", so perfekt sind zeitgenössischer Prunk, exzellenter Service und Qualität der Küche aufeinander abgestimmt (linke und rechte Seite).

Harte Schule für Offiziere und Kadetten

Für die Marinen der Welt haben Segelschulschiffe nichts von ihrer Attraktivität verloren. Selbst Brasiliens Kriegsmarine, die einige Jahre vorher mit ihrer „Guanabara" nichts mehr anfangen konnte und sie an die Portugiesische Marine verkauft hatte, stellte 2000 mit der „Cisne Branco" wieder ein Schulschiff in den Dienst.

Selbst die Regierung der Bundesrepublik, die die „Gorch Fock" im Zuge umfassender Sparmaßnahmen verkaufen wollte, ließ sich überzeugen. 2001 investierte das Verteidigungsministerium mehr als 12 Millionen Euro, um die Bark umfassend zu überholen und für die nächsten 25 Jahre fit zu machen. Da erhebt sich natürlich die Frage, was die Segelschulschiffe so attraktiv macht, dass viele Länder keine Kosten scheuen. Eine erste Antwort gibt der Törnplan der „Gorch Fock".

Während der ersten vierzig Dienstjahre war sie Gast in 161 verschiedenen Häfen in 53 Ländern auf fünf Kontinenten. Dazu muss man wissen, dass die Törnpläne mehr im Außenministerium „gestrickt" werden, als in den Marinestäben. Ein Botschafter kommentierte bei einem dieser Besuche in einem US-amerikanischen Hafen, dass „... ein Empfang auf dem Achterdeck mehr positive Emotionen weckt, als ein Jahr diplomatischer Bemühungen".

Damit ist ein Teil der Frage beantwortet, jedoch noch nichts gesagt über die Bedeutung für die Marine selbst. Man schläft in Hängematten, ist während der Wachen ständig Wind, Regen und Kälte ausgesetzt, hat keinerlei Hilfsmittel bei der Bedienung der Rahen und Segel, alles muss bei jedem Wetter mit Muskelkraft erledigt werden. Spricht daher auf den ersten Blick nicht vieles gegen Segelschulschiffe? Zudem sind sie teuer, wartungsintensiv, auch hat der Dienst an Bord kaum Ähnlichkeit mit den Aufgaben auf einer mit elektronischen Geräten vollgestopften Fregatte.

Eine Denkschrift aus der Planungsphase des Schiffes, noch unter dem Eindruck des tragischen Untergangs der „Pamir" im Herbst 1957, verteidigt den Neubau: „Nirgendwo wird der Einfluss des Wetters auf Schiff und Besatzung so intensiv erlebt und zur gesicherten Erfahrung wie auf einem Großsegler. Nirgendwo sonst wird die menschliche Abhängigkeit voneinander so deutlich zur Gewissheit, wie in den Rahen der ‚Gorch Fock' bei einer Sturmfahrt. Die Bedeutung der Seemannschaft als berufsspezifische Grundlage der Seefahrt kann nur auf einem von Wind und Wetter abhängigen Segler glaubhaft vermittelt werden. Außerdem erzieht die ungewohnte Enge und der Mangel an Komfort zur Kameradschaft, Rücksichtnahme und fördert den Teamgeist, alles Eigenschaften, die für den Dienst an Bord auch der modernsten Boote und Schiffe unerlässlich sind. Das Segelschulschiff vermittelt ein prägendes Erlebnis und leistet einen unverzichtbaren Beitrag in der Erziehung und Vorbereitung zukünftiger

Für die Marinen Südamerikas gehört es zum „guten Ton", mit einem Segelschulschiff zu repräsentieren. Rechtzeitig zur Feier der Entdeckung im Jahre 1500 stellte Brasilien die „Cisne Branco" in Dienst (unten).
Den beiden französischen Schoner „L'Etoile" und „La Belle Poule" sieht man nicht an, dass sie eigentlich für die harte Fischerei vor der kanadischen Ostküste entworfen worden waren. Elegant wie Yachten dienen sie der Werbung für Frankreichs Marine ebenso wie der Ausbildung des Offiziersnachwuchses (rechts).

Nur selten gelingen solche Bilder, wie das des kolumbianischen Segelschulschiffs „Gloria" beim Start zur Windjammer-Regatta von Vigo nach Dublin. Entweder der Wind, das Licht oder das Begleitboot, irgendetwas stimmt fast immer nicht.

Vorgesetzter an Bord und an Land." Später wurde diese Denkschrift folgendermaßen ergänzt: „Die ‚Gorch Fock' hat sich als „Botschafter in Blau" für die Verbesserung zwischenstaatlicher Beziehungen einerseits und als Ausbildungsschiff für den Führungsnachwuchs sowie als Werbeträger für die Marine im Inland andererseits so bewährt, dass auch in absehbarer Zukunft die Deutsche Marine auf diesen Großsegler und auch kleinere Segelfahrzeuge nicht verzichten kann und will."

Mit Ausnahme Großbritanniens verzichtet daher in West- und Südeuropa kein Land auf die Ausbildung des Offiziersnachwuchses auf Segelschulschiffen. Selbst kleine Nationen wie Belgien („Zenobe Gramme") und Holland („Urania") trainieren ihre Offiziere auf großen Yachten.

Italien prunkt mit den beiden prächtigen, alten Fregatten nachempfundenen Seglern „Amerigo Vespucci" und „Palinuro". „Sagres", die große Hochseeyacht Portugals, ist das vielleicht am besten geführte aller Segelschulschiffe mit einer eingespielten und ungeheuer engagierten Stammcrew sowie gut vorbereiteten Kadetten, die ihre Pflichten ernst nehmen. Oft schon sollte der riesige Toppsegelschoner der spanischen Marine einem Museum übergeben werden, doch noch immer setzte sich die Marine durch, die ihr repräsentativstes Schiff behalten wollte.

In Südamerika verzichtet inzwischen kein Staat mehr auf ein Segelschulschiff, auch Asien steht nicht zurück. In Japan haben diese Schiffe Tradition, Indonesien fährt u. a. die in Hamburg erbaute „Dewarutji", Indien besitzt inzwischen zwei, und im traditionsbewussten Oman ist man stolz auf die weiße Barkentine „Shabab Oman".

Natürlich spielen auch Emotionen eine große Rolle, über alle nationalen Grenzen hinweg. Der Seemann und Dichter Kuddel Daddeldu, alias Ringelnatz, sagt dazu:

„Es rauscht wie Freiheit,
es riecht wie Welt –
Naturgewordne Planken
Sind Segelschiffe
Ihr Anblick erhellt
Und weitet uns´re Gedanken."

203

Die Konstrukteure und ihre Projekte

Zwischen 1976 und 1987 stellte die spanische Werft „Astilleros Talleres Celaya" in Bilbao nahezu jedes zweite Jahr ein neues Segelschulschiff fertig. Vorbild war immer die 1933 bei der Hamburger Werft konstruierte „Gorch Fock". So stellte sich allerdings Zygmunt Chorén, der 1941 in Brzozowy-Kat geborene polnische Ingenieur und Wissenschaftler, die Zukunft der Schifffahrt unter Segeln nicht vor. Noch bevor in Westeuropa unter dem Eindruck der sog. Energiekrise 1973/1974 Überlegungen zu kraftstoffsparenden Schiffsantrieben angestellt wurden, stellte er weitreichende Überlegungen an. Sowohl das „Institut für Schiffbau" in St. Petersburg als auch die „Technische Hochschule" in Danzig boten ihm großzügige Arbeitsmöglichkeiten. Im Windkanal konnte er erstmals den Wirkungsgrad verschiedener Takelungsarten und Segelformen wissenschaftlich untersuchen, bei Versuchen im Schleppkanal die günstigsten Rumpfformen erproben.

Die erste Chance seine revolutionären Ideen zu erproben, bekam er 1979, als das polnische Fernsehen ein Segelschiff für seine Jugendprojekte bei der Danziger Werft in Auftrag gab. Der yachtähnliche Rumpf zusammen mit dem Barkentinenrigg, den nicht fierbaren Rahen, machte den Neubau so schnell, dass er bei den Windjammer-Regatten die meisten Konkurrenten hinter sich ließ. Ein Grund, dass die beiden Schwesterschiffe „ORP Iskra" und „Kaliakra" nicht lange auf sich warten ließen.

Noch erfolgreicher waren die nächsten Aufträge, zunächst das Segelschulschiff „Dar Mlodziezy" für die Seefahrtsschule in Gdynia. Die Ansprüche waren hoch. Der Neubau sollte die alte „Dar Pomorza" ersetzen, ein Schiff, das ganz Polen liebte. Der Neubau sollte daher nicht nur gut segeln, sondern auch genug Platz für 150 Kadetten in 12-Mann-Kammern bieten, dazu Seminarräume für Theorieunterricht und Navigationsübungen sowie repräsentativ genug sein, um diplomatische Corps und Präsidenten an Bord empfangen zu können. Keine leichte Aufgabe, da die ca. 40 Mann Stammcrew in der Lage sein sollte, das Vollschiff ohne Kadetten zu segeln.

Das Ergebnis konnte sich sehen lassen. Alle Masten wurden aus einem einzigen Stahlrohr geformt, keine Stengen mehr verwendet. Die oberen Rahen ließ er aus Aluminium herstellen, um sie nicht mehr aus Gewichtsgründen absenken zu müssen. Viel Arbeit ersparen die Wanten und Stagen, sowie die Blöcke aus Edelstahl, die nicht mehr regelmäßig mit dicken Schichten Farbe konserviert werden müssen. Unter Deck sorgte er ebenfalls für „klare Verhältnisse". Im glatt durchlaufenden Wohndeck leben und lernen die Kadetten, im Achterschiff die Offiziere. Dort befindet sich auch der über die ganze Schiffsbreite laufende repräsentative Salon mit schweren ledergepolsterten Eichenmöbeln.

Zygmunt Chorén verleiht dem Heck seine charakteristische, aber gewöhnungsbedürftige Form. Dieser Typ war so erfolgreich, dass die damalige Sowjetunion gleich fünf Schwesterschiffe bestellte und damit diesen Segelschiffstyp zum erfolgreichsten aller Zeiten machte. Auch für Deutschlands „Segelschiff für die Jugend", die „Alexander von Humboldt", entwarf er das Rigg, für Kanada konstruierte er die „Concordia", zwischendurch das ozeanographische Experimentier- und Forschungsschiff „Oceania" für die Polnische Akademie der Wissenschaften, das sich in dem Passagiersegler „Gwarek" in vergrößertem Maßstab wieder fand. In Japan segelt die ehemalige Yacht „Zew" als „Keisei", in Holland trägt das Rigg der „Swan fan Makkum" seine Handschrift. So gibt es heute kaum ein modernes Segelschiff, an dem Zygmunt Chorén mit seinem Konstruktionsbüro nicht beteiligt ist.

Einen gänzlich anderen Ansatz findet man bei Detlev Löll. Der 1959 in Hamburg geborene Schiffbauer ist mit seiner Firma „Navcon" inzwischen weltweit an allen wichtigen Segelschiffsprojekten maßgeblich beteiligt. Er hat sich den traditionellen Segelschiffen verschrieben und damit genau den „Nerv der Zeit" getroffen: ob die „Sea Cloud II", „Cisne Branco" oder die umfassende Restaurierung der „Shabah Oman", den Nachbau des irischen Auswandererschiffes „Dunbrody", die Überwachung der Takelage der „Gorch Fock". Kein Unternehmen ist auf diesem Sektor weltweit erfogreicher als der dynamische, ehemalige Bootsbaumeister. Buchstäblich aus dem Nichts baute er den Betrieb auf. Zunächst mit ABM-Projekten befasst – „Fridtjof Nansen", „Roald Amundsen", „Nobile" – bekam er bald Aufträge von scharf rechnenden Reedern, wie dem im November 2003 verstorbenen Peter Deilmann. Inzwischen sind mehr als 30 Mitarbeiter für ihn tätig, er betreibt den Hafen von Peenemünde und baut diesen zu einem umfassenden Dienstleistungszentrum für traditionelle Segelschiffe aus. Restaurierung, Planung, Taklerei und Schiffbau sind nun dort auf dem neuen, erweiterungsfähigen Gelände zusammengefasst. Diese Basis ermöglicht auch in Zukunft weltweit tätig zu sein, sowohl in Konkurrenz zu Zygmunt Chorén, dem einzigen ernsthaften Mitbewerber weltweit, als auch in fairer Arbeitsteilung.

Interessant in diesem Zusammenhang ist die Restaurierung der „Shabab Oman", nach dem Motto „Wenn das Schiff nicht zu uns kommt, kommen wir zum Schiff", arbeitete eine Gruppe von 20 Fachleuten mehrere Monate im Oman.

Auch in Hamburg warten interessante Projekte. Aus dem für Indonesien entwickelten Indosail-Projekt stammt die Idee eines ökologischen Kreuzfahrtschiffes, der „Indiga" für 130 Passagiere.

Die schnelle „Fryderyk Chopin" ist Zygmunts Choréns bisher einzige Brigg. Im 19. Jahrhundert war die Brigg einer der am weitesten verbreitete Segelschiffstyp.

Kein polnischer Marineoffizier, der nicht die Barkentine „Iskra" kennen gelernt hat. Schnell, preiswert zu unterhalten und einfach zu segeln, gehört dieser Typ zu den beliebtesten Segelschulschiffen.

Ein seltenes Bild: drei der sechs großen Segelschulschiffe liegen im Bremerhaven an der Pier – „Khersones", „Dar Mlodziezy", „Mir" (noch ohne blauen Streifen).

Die kanadische Barkentine „Concordia" segelt das ganze Jahr auf allen Meeren der Welt mit Schülern und Studenten.

Die See ist unsere Brücke – die Sail Training Association

Millionen Zuschauer zieht die Flotte der Windjammer der „Cutty Sark Tall Ships' Races", in den Häfen meist „Sail" genannt, jedes Jahr in ihren Bann. Zwei Regatten, dazwischen die „Cruise in Company" genannte Etappe, sorgen für die nötige Spannung bei den Teilnehmern.

Selbstverständlich setzen auch beim „Cutty Sark Tall Ships' Races" alle Skipper und ihre Crews auf Sieg, aber das ist nicht das Wichtigste bei diesen Regatten. Von Anfang an hatten die Initiatoren weitreichende Gedanken; Ideen, die heute allgemein Anerkennung und Nachahmer gefunden haben. Für sie waren die Wettfahrt und das Segeln Mittel zum Zweck. Die sportliche Gemeinschaftsaufgabe, ein Segelschiff zu bedienen – egal ob Yacht oder Großsegler – soll das soziale Verhalten und den Gemeinschaftsgeist ebenso fördern wie körperliche Anstrengung die Sportlichkeit. Gerade für das Training sozialen Verhaltens und das Erlernen von Verantwortung sind Segelschiffe ideal. Gleichzeitig forderten die Gründer der STA aber, noch unter dem Schock des Zweiten Weltkriegs, internationale Regatten. Es reichte ihnen nicht, dass sich zwischen den Wettfahrten die Crews aus vielen Nationen bei Partys und Sportwettkämpfen näher kamen. Sie wollten gemischte Mannschaften. So liegt heute zwischen zwei Regatten immer ein sog."Cruise in Company", freies Segeln zwischen dem letzten Zielhafen und dem nächsten Starthafen. Auf einem Schiff reißen oft Trainees aus 10 und mehr Ländern gemeinsam an der Schot, brassen die schweren Rahen.

Die begehrteste Trophäe ist daher nicht der Siegerpokal, sondern die „Cutty Sark Trophy", ein silbernes Modell des legendären Clippers. Alljährlich stimmen die Crews geheim darüber ab, wer am meisten zur internationalen Verständigung beigetragen hat und würdiger Preisträger ist. Stand zu Beginn der Wunsch dahinter, die psychischen Folgen des Krieges zu überwinden, so soll heute der überall aufkeimende Nationalismus zurückgedrängt werden. Getreu dem Motto, dem sich auch die deutsche Schwesterorganisation verpflichtet fühlt: „Die See ist unsere Brücke."

Diese wurde 1984 in Bremerhaven als „Sail Training Association Germany" (STAG) gegründet. Sie war die erste ausländische Schwesterorganisation nach der ASTA der USA. Weitere folg-

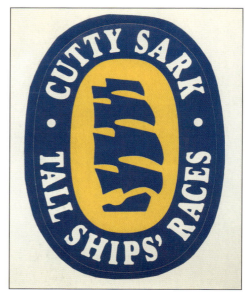

John Hamilton, langjähriger Race-Director der STA und Gründer der ASTO, der Dachorganisation der Sail-Training-Vereinigungen und Stiftungen (links).
Prächtige Schauspiele bieten die Mannschaften lateinamerikanischer Segelschulschiffe (rechts).

ten u. a. in Belgien (STAB), Holland (STAN) und Russland (STAR). Nationale Repräsentanten in 20 Ländern verbreiten heute die Idee der STA bis Japan und Australien.

Teilnahmeberechtigt sind alle Segelschiffe mit einer Mindestlänge von 30 ft (9,14 m) und einer Crew, die aus mindestens 50 % Jugendlichen zwischen 16 und 25 Jahren besteht. Im Drei-Jahres-Rhythmus wechseln die Seegebiete, in denen die Regatten ausgetragen werden, zwischen Nordsee, Ostsee und Atlantik. Zu besonderen Anlässen stehen Transatlantik-Races auf dem Programm, wie 1992 im Columbus-Jahr oder 2009 nach Bermuda, um das Jubiläum der Entdeckung vor 400 Jahren zu feiern.

Die Geschichte der Regatten reicht bis ins Jahr 1954 zurück. Bernhard Morgan, ein Londoner Rechtsanwalt, begeisterte damals eine Gruppe von Männern, darunter den portugiesischen Botschafter Pereira, den Regattaspezialisten Kapitän John Illingworth und den ersten Lord der Admiralität, Earl Mountbatton. Aus dieser Gruppe, die sich zum „Sail Training Ship International Race Committee" (1955) zusammengeschlossen hatte, ging die „Sail Training Association" (STA) hervor, die seitdem jedes Jahr Windjammer und Yachten aus aller Welt zu den Races einlud. Morgans Traum war, die Rennen der alten Teeklipper in neuer Form wieder zu beleben. Gleichzeitig sollten, wie bereits erwähnt, im Sinne des Pädagogen Hahn, soziales Verhalten der Jugendlichen ebenso gefördert werden wie die Teamarbeit. Den ersten Mitgliedern, wie dem allseits bewunderten und respektierten Chairman Sir Greville Howard und Hans Edwin Reith in Deutschland, lag die friedensfördernde Wirkung des gemeinsamen Segelns der sich vor kurzem noch so erbittert bekämpfenden Nationen besonders am Herzen. Zu den besonderen Verdiensten der STA gehört zweifellos die nahtlose Eingliederung der Segelschulschiffe des damaligen Warschauer Paktes. Für die meisten Kadetten und Offiziere aus Polen und der UdSSR war dies der erste und einzige fast unkontrollierte Kontakt mit Menschen aus dem „feindlichen" Kapitalismus. Die STA kann sich rühmen, erheblich zum Abbau des Ost-West-Konflikts beigetragen zu haben. Vor allem Janka Bielak, inzwischen von den nachsozialistischen Regierungen mit höchsten Orden vielfach ausgezeichnetes Mitglied des Race-Kommitees, wirkte unermüdlich im Hintergrund, um dieses Ziel zu erreichen.

Schon bald wurden die Gründer von weiteren Mitgliedern der königlichen Familie unterstützt. Seit 1955 ist Prinz Philipp Schirmherr. Keine Regatta startet in England, ohne dass jemand von den „Royals" der Flotte einen Besuch abstattet. Deutsche Trainees überrascht Prinz Philipp dabei immer durch seine perfekten Sprachkenntnisse. Der „Johann Smidt" konnten bisher weder Prinzessin Anne noch ihr Vater widerstehen, beide besuchten den Schoner häufig.

Dank dieser königlichen Protektion gelang es der STA immer, bedeutende Persönlichkeiten zur Mitarbeit zu gewinnen. 1993 war der Rekord-Weltumsegler Robin Knox-Johnson Präsident, Vize-Admiral Sir Valings führte das Race-Committee, das alle wichtigen Entscheidungen traf. In Zusammenarbeit mit den nationalen Repräsentanten wählte dieses Komitte auch die Städte aus einer Vielzahl von Bewerbungen aus, die als Start- bzw. Zielhafen, gegen Zahlung einer angemessenen Spende von einigen tausend Pfund, die Genehmigung erhalten, die Flotte willkommen zu heißen. Trotz hoher Aufwendungen für die Organisation, z. B. einer „Sail

John Rudd, der großzügige Sponsor und Patron der Regatten, ließ es sich meist nicht nehmen die Trophy selbst zu übergeben (oben links). Robin Knox-Johnson, britischer Rekordweltumsegler und Chairman, begann behutsam die Strukturen der STA zu modernisieren (oben rechts). Der Traum jeder Mannschaft, die „Cutty Sark Trophy for International Understanding". Das silberne Modell des legendären Teeklippers bleibt für ein Jahr an Bord des Schiffes, dem die Auszeichnung zugesprochen wurde (unten).

Prinz Phillip ist nicht nur königlicher Schirmherr der STA, er ist auch ständiger, überaus interessierter Gast der Regatten. Kein Besuch, bei dem er nicht intensiv Jugendliche zu ihren Eindrücken bei den Rennen befragt.

Bremerhaven" (kostenlose Liegeplätze, Schlepper, Sportfeste etc.), ist die Bilanz durch den Gewinn aus Tourismus sowie an Prestige und Bekanntheit für die Region immer positiv.

Seit einer Neuorganisation im Mai 1998 standen der gemeinnützigen STA und dem Regattakomitee, die Schoner-Abteilung und die gewinnorientierte STA-International zur Seite. Diese GmbHs koordinierten die geschäftlichen Interessen, wie den Verkauf von Souvenirs und Einnahmen aus der Vermarktung der Symbole. Sie beschlossen, die beiden Schoner, die bisher das Rückgrat der STA bildeten, zu ersetzen. „Sir Winston Churchill" (1966) und „Malcolm Miller"(1967), die zwei großen Dreimaster, genügten nicht mehr den Anforderungen und wurden verkauft. An ihre Stelle traten die beiden in Deutschland gebauten und in Großbritannien vollendeten Briggs „Stavros Niarchos" und „Prince William". Beide Schiffe erwiesen sich als eigentlich zu teuer im Unterhalt. Es kam zu ernsthaften Problemen zwischen der armen Schonerabteilung und der reichen ISTA, die die Regatten veranstaltete. Diese Streitigkeiten führten letztendlich zum Ende der STA als Regatta-Organisator und zum Rückzug auf die Aufgabe, mit den Briggs Sailtraining zu betreiben.

Nach außen dokumentiert diesen Neuanfang die 2003 von der Mehrheit der Mitglieder beschlossene Namensänderung. Aus der STA wurde der „Tall Ships Youth Trust". Die Aufgaben der alten STA bzw. deren „Internationalem Komitee" übernahm, nachdem man „das Kriegsbeil begraben" hatte, die neugegründete STI (Sail Training International) mit Sitz in Gosport, gegenüber Portsmouth.

Trotz aller Einnahmen wäre die STA schon 1972 finanziell am Ende gewesen, hätte nicht der Lieferant des Hofes, Berry Bros. Ltd., Hersteller des „Cutty Sark-Whiskys" eingegriffen. Den beiden Familien, denen die Marke „Cutty Sark" (!) gehörte, Green und Rudd, waren die Ziele der STA ein persönliches Anliegen. Vor allem der Seniorchef, John Rudd, war mehr väterlicher Patron, denn berechnender Sponsor. Bis 2002, über 30 Jahre, lief dieser längste Sponsorenvertrag in der Geschichte der Werbung. All die vorher geschilderten Querelen, zusammen mit dem Generationswechsel bei „Berry Bros. & Rudd Ltd. – Cutty Sark Scots Whisky" ließen eine nochmalige Verlängerung der Partnerschaft nicht zu.

Nur der Name darf noch einige Jahre bleiben, eine lieb gewordene Erinnerung für alle, die diese 30 Jahre dabei sein durften. Die STA hätte keinen besseren Namensgeber für ihre Rennen finden können, verbindet doch die gesamte maritime Welt diesen Namen mit dem einzigen noch existierenden echten Klipper, der „Cutty Sark" im Museum in Greenwich. Der deutschen STA fehlt ein solch großzügiger Sponsor. Allein aus den Beiträgen der ca. 5000 Mitglieder bringt sie trotzdem jährlich fast 30000 € auf, um finanziell schwächeren Jugendlichen aus Deutschland das Mitsegeln bei den Regatten zu ermöglichen. Im ganzen Bundesgebiet sorgen Regionalbeauftragte für die Kommunikation zwischen den Mitgliedern und helfen interessierten Jugendlichen, „ihr" Regattaschiff zu finden.

Zusätzlich veranstaltet sie regelmäßig Sicherheitslehrgänge für Crews und Skipper der bei ihr gemeldeten Schiffe. Auch an der Erhaltung dieser historischen Fahrzeuge beteiligt sich die STAG im Rahmen ihrer, manchmal überraschend großen, Möglichkeiten.

Fast wie das Original – Repliken

Willem de Voss, Schiffbauer und friesischer Dickschädel, hatte sich in den Kopf gesetzt, ein Schiff der „Vereinigten Ostindischen Compagnie" (VOC) zu bauen. Nicht irgend eines, sondern die „Batavia", die 1629 vor Australien gesunken war, deren Untergang zu den tragischsten Schiffskatastrophen zählt, von denen in alten Chroniken berichtet wird. Zunächst begann er fast allein auf einem windumtosten Feld, später wurde er unterstützt von einer immer größeren Gruppe von freiwilligen Helfern und vollendete schließlich das Projekt als von großen Sponsoren unterstützte Arbeitbeschaffungsmaßnahme für arbeitslose Jugendliche.

So, oder ähnlich entstehen überall auf der Welt Nachbauten historischer Segelschiffe.

Auf die Unterstützung namhafter Sponsoren können weder die Schiffbauer in den USA, noch Frankreich oder Deutschland verzichten. Inzwischen nutzen auch Schifffahrtsmuseen die Möglichkeit, historische Schiffe auf Grund von archäologischen Funden nachzubauen. Nur so kann man die Segeleigenschaften wirklich praxisnah untersuchen, besser als in jeder Computersimulation. Das beste Beispiel ist die sog. Kieler Kogge. Unter Aufsicht des „Deutschen Schifffahrtsmuseums" entstand auf einer Bootwerft in Kiel der exakte Nachbau des im Weserschlick entdeckten mittelalterlichen Wracks aus dem Jahr 1380.

Der kleine Kutter „Le Renard" verbreitete einst Angst und Schrecken. Mit Erlaubnis des französichen Königs jagten die Korsaren aus St. Malo noch um 1800 britische Handelsschiffe (unten).
Deutlich ist der Einfluss französischer Schiffbauer zu erkennen, die die befreundeten Amerikaner in ihrem Kampf gegen Großbritannien unterstützten. Die in Baltimore gebauten Schoner und Klipper waren den britischen Fregatten seglerisch immer überlegen (rechts).

Ein Bild voller Symbolik: die Replik einer Hansekogge vor dem wieder aufgebauten Krantor der alten Hansestadt Danzig (linke Seite).

Das Schicksal des VOC-Schiffes „Batavia" füllt in Holland und Australien Bibliotheken. Nach dem Schiffbruch des behäbigen Kauffahrteischiffes au einer unbewohnten Koralleninsel bei Australien kam es zu unvorstellbaren Grausamkeiten unter der Überlebenden (rechte Seite - oben links).

Die Aufgaben der „La Recouverance" sind heute friedlicher. Sie wirbt weltweit für ihren Heimathafen Bres und das alle vier Jahre stattfindende maritime „Festival des Meeres" (2000, 2004, 2008…) (rechte Seite oben rechts).

Wie im Dreißigjährigen Krieg verbindet die „Hjorten heute Schweden wieder mit seinen früheren Besitzungen in Deutschland (rechte Seite - mitte rechts).

Wahrscheinlich noch vor Kolumbus entdeckte John Cabot mit der „Matthew" um 1490 Kanada (rechte Seite - unten).

215

Segelschiffe zum Anfassen – *Erlebnis pur*

Lange Jahre dümpelten sie heruntergekommen als halbe Wracks in den dunkelsten Ecken der Häfen. Für viele Schiffe zu spät, sie fielen noch in den siebziger Jahren des 20. Jahrhunderts dem Schneidbrenner zum Opfer, begann um 1970 auch in den Köpfen der Politiker ein Umdenken. Endlich erkannten sie, dass Schiffe Kulturdenkmäler sind, nicht das Hobby einiger „Freaks", die nicht wissen, wohin mit Zeit und Geld. Heute sind die Museumsschiffe in Denkmalslisten eingetragen und bringen überall Geld. Selbst von den fernen Falklandinseln holte man die Reste der legendären Schiffe auf Pontons zurück, um sie zu restaurieren („Great Britain"), oder man baute sie auf wenigen verbliebenen Kielstücken mit den alten Methoden und Werkzeugen wieder auf („Dom Fernando II e Gloria"). Zu den am besten erhaltenen Windjammern der Welt zählt der berühmte Flying-P-Liner „Passat" in Travemünde. Bei der umfassenden Restaurierung 1997/98 stellte sich heraus, dass der Rumpf noch in so gutem Zustand ist, dass die fast 100 Jahre alte Bark wieder unter Segel gehen könnte.

Warrior, Portsmouth

Passat, Travemünde

Rickmer Rickmers, Hamburg

Pommern, Mariehamn

Victory, Portsmouth

Peking & Wavertree, New York

Lebendige Museumshäfen im Norden

Nein, die deutschen Museumshäfen dieser Karte sind nichts, womit man Kindern die Freude verderben kann. Sie sind lebendige Begegnungstätten für Seefahrtsbegeisterte, zufällig vorbeikommende Spaziergänger und Eigner historischer Schiffe. Wann alles angefangen hat, kann man nicht mehr so richtig rekonstruieren, aber es hat viel mit der Begeisterung nach der Windjammer-Parade anlässlich der Olympischen Spiele 1972 in Kiel zu tun, der Nostalgiewelle jener Jahre und der Rückbesinnung auf die vielen Verluste anfassbarer historischer Objekte durch Krieg und Modernisierungswahn bzw. Abbruch in den beiden Nachkriegsjahrzehnten. Dies sollte, nun auch mit offizieller Unterstützung durch die Kommunen anders werden, hatten diese inzwischen doch den touristischen Wert solcher romantischen Häfen erkannt. Vorreiter war ausnahmsweise einmal Hamburg. Beim dem Bau der ersten beiden Elbtunnel-Röhren war unmittelbar vor der romantischen Kulisse der Kapitäns- und Lotsenhäuser in Övelgönne ein kleiner Hafen entstanden. Dort gelang es, Liegeplätze für die Flotte historischer Segelschiffe zu schaffen, die einige „Verrückte" mit wenig Geld, aber viel Idealismus wieder in den ursprünglichen Zustand zurückversetzt hatten, um damit zu segeln. Ein Besuch lohnt sich bestimmt.

1 Museumshafen Flensburg Geschäftsstelle
Herrenstall 11
D-24939 Flensburg
Tel.: 0461 / 222 58

2 Finkenwaerder Gaffelconsortium
Peter Kaufner
Carsten-Fock-Weg 12
D-21129 Hamburg
Tel.: 040/742 79 92

3 Verein „Alter Hafen Wismar"
Helmut Jänecke
Blüffelstraße 5
D-23966 Wismar
Tel.: 038 41 / 25 95 41

4 Museumshafen Carolinensiel
Manfred Sell
Pumphusen 3
D-26409 Wittmund
Tel.: 044 64 / 456

5 Museumshafen Kappeln
Uwe Vergin
Hospitalstraße 2
D-24376 Kappeln
Tel.: 046 42 / 46 64

6 Freundeskreis Klassische Yachten
Wilfried Horns
Mühlenstraße 36
D-24143 Kiel
Tel.: 0431 / 762 77

7 Museumshafen Emden
Jürgen de Buhr
Kleiner Weg 21b
D-26725 Emden
Tel.: 049 21 / 566 23

8 Schipper-Klottje im Heimatverein Leer
Albert Wehner
Neue Straße 12-16
D-26789 Leer
Tel.: 0491 / 20 19

9 Museumshafen Probstei Laboe
Birgit Rautenberg-Sturm
Ellernbrook
D-24235 Stein
Tel.: 043 43 / 70 14

Rum-Regatta, Flensburg (1)

Norden, Lübeck (15)

10 Museumshafen Rostock
Hans-Peter Wenzel
Lessingstraße 9
D-18055 Rostock
Tel.: 0381 / 490 24 35

11 Schiffergilde Bremerhaven
Hennig Goes
Van-Ronzelen-Straße 2
D-27568 Bremerhaven
Tel.: 0471 / 946 46 48

12 Traditionshafen Bodstedt
Eckehard Rammin
Dorfstraße 8
D-18356 Bodstedt
Tel.: 038 231 / 44 14

13 Museumshafen Oevelgönne
Peter Cordes
Büngerweg 7
D-22605 Hamburg
Tel.: 040 / 82 58 72

14 Strolsunner Klüverboom Commün
Walter Ribbeck
Vogelweide 62
D-18435 Stralsund
Tel.: 038 31 / 38 34 05

15 Museumshafen zu Lübeck
Postfach 1574
D-23504 Lübeck

16 Museumshafen Greifswald
Prof. Dr. Reinhard Bach
Haus 9a
D-17498 Klein Petershagen
Tel.: 038 333 / 84 31

17 Berlin-Brandenburger Schifffahrtsgesellschaft
Karl Manfred Pflitsch
Bambergerstraße 47
D-10777 Berlin
Tel.: 030 / 213 80 41

Stand: Januar 2004

Konsul-Klöben-Regatta, Hamburg (13)

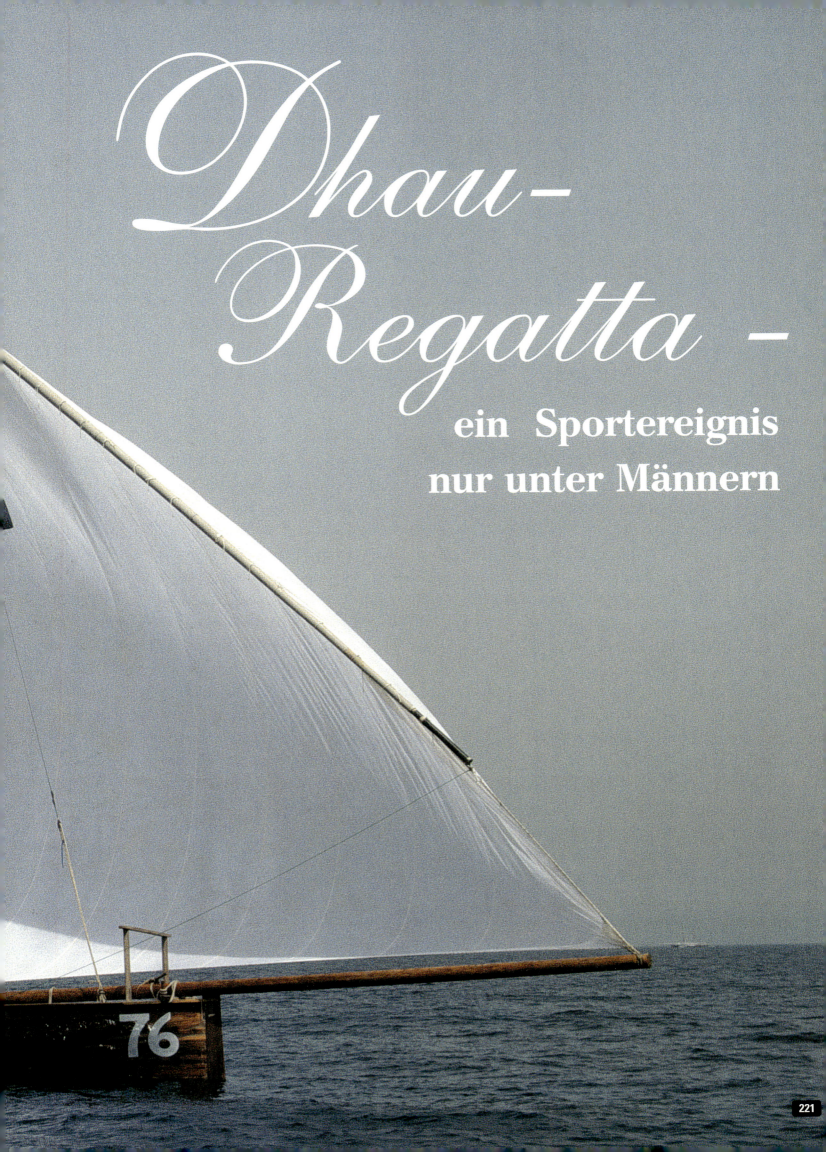

Dhau-Regatta –

ein Sportereignis nur unter Männern

Fahl schiebt sich eine gelbliche Sonnenscheibe über den dunstverhangenen Horizont. Schon Stunden vorher klangen gedämpfte Stimmen durch das warme Dunkel der Nacht, hörte man das Knarzen der Masten und Hanfseile. Überall blinzeln Lampen, die das Deck kaum genügend erhellen, um die nahezu einhundert Dhauen endgültig rennfertig zu machen. Doch jeder Handgriff sitzt, ist seit Jahrzehnten in Fleisch und Blut übergegangen. Auch auf dem Startschiff bricht nun Hektik aus. Das Rauchsignal liegt bereit. Pünktlich hebt Saeed Hareb, der Regattaleiter und erfolgreiche Direktor des ausrichtenden „Dubai International Marine Club" (DIMC), die Hand und reckt die Dose mit dem Signalmittel in den Himmel. Dicker orangeroter Rauch quillt heraus und zeigt den vielen Schiffen, nun geht es endgültig los. Wie beim berühmten Le Mans-Start, müssen die Fahrzeuge bis zum Signal bewegungslos an ihrem Platz bleiben. Erst danach dürfen die Crews daran gehen, Anker zu lichten, Segel zu setzen und versuchen, möglichst schnell aus dem Windschatten der Insel zu kommen, die die Nacht über Schutz geboten hatte.

Seit zwei Wochen haben die 12-16 Mann starken Mannschaften hart gearbeitet. Zuerst wurden die Schiffe, die, vor der intensiven Sonne geschützt, auf ihren Trailern in großen Bootsschuppen vor sich hindämmerten, zum eleganten Yachthafen des DIMC im vornehmen Vorort Dubais, Mina Seyahi, gebracht. Bevor der 18 m lange und 4,90 m breite Rumpf vorsichtig zu Wasser gelassen werden konnte, wurde das flache Unterwasserschiff (Tiefgang 1,83m) nochmals sorgfältig poliert. Nur wenn der Rumpf wirklich keine Unebenheiten mehr aufweist, kann man auch das letzte Zehntel Knoten herausholen. Die Vorbereitungen für einen Start beim „Volvo Ocean Race" können nicht präziser sein, als die die vor dem Start zum 13. „Dubai Open Sir Bu Naair Traditional Dhow Sailing Race (60 ft)". Hier wie dort kämpfen die

Am Tag vor dem Start werden viele Plastiksäcke mit Sand gefüllt und an Bord gebracht. Während des Rennens können diese Ballastsäcke von der großen Renncrew schnell umgestaut werden. Je aufrechter das Boot gesegelt wird, umso schneller ist es (links).

Der Bau einer Dhau

Wie vor hunderten von Jahren entstehen am Ufer des arabischen Golfs Dhauen jeder Größe. Nur die Erfahrung zählt. Ohne Zeichnung bauen die Zimmerleute aus Indien und Bangladesch unter Anleitung der arabischen Schiffsbaumeister Riesenschiffe, die bis zu 1200 t Fracht schleppen. Auf den Werften entlang der Golfküste, vom Oman bis in den Irak, bestehen noch hunderte solcher Schiffsbauplätze. Langsam hält aber auch hier die Moderne Einzug. Unter Wahrung traditioneller Formen baut man vereinzelt schon Frachtdhauen aus GFK (glasfaserverstärkte Kunststoffrümpfe).

Mit Ausnahme des Motors wird fast alles vor Ort hergestellt. Aus gewaltigen Stämmen alter Urwaldbäume werden von Hand Kiel und Planken gesägt, Kielhölzer zugehauen, aus Monierstahl die Nägel geschmiedet. Mit artistischer Gewandtheit balancieren die Arbeiter auf schwankenden Gerüsten, um an den bis zu 7 m hohen Spanten die Planken mit den selbstgeschmiedeten Nägeln zu befestigen.

engagierten Segler um sehr viel Geld. Preisgelder von 150000 $ stehen auf dem Spiel. Ein Unterschied besteht jedoch – hier im südlichen Arabien hat man bei aller Ernsthaftigkeit der Vorbereitung das Lachen nicht verlernt.

Als Nächstes kamen die beiden bis zu 35 m langen, biegsamen Rahen aus kohlefaserverstärktem Kunststoff an Bord. Diese sind extrem leicht, gleichzeitig aber hochbelastbar. Heißt man solche Rahen, so muss der Mast an seiner Spitze wenig Gewicht tragen, das Boot legt bei Wind nicht so schnell über. Je aufrechter ein Schiff segelt, egal ob Yacht oder großer Windjammer, umso schneller ist es. Man kann dadurch wesentlich mehr Ballast tief unten in den Rumpf packen – und gewinnt bei gleichem Gewicht Geschwindigkeit. Als Nächstes kommen dutzende von 20 kg Sand fassende Kunststoffsäcke an Bord. Sie werden erst am Tage vor dem Start mit Sand gefüllt. Da das Reglement keinen Wasserballast in Trimmtanks wie auf modernen Yachten erlaubt, umgeht man diese Regel mit den Sandsäcken, die die hart anpackenden Männer schnell von einer Seite auf die andere umstauen können. Zuletzt wurden die Segel eingepackt. Heute fertigen moderne Segelmachereien die riesigen, bis zu 150 m² großen Dreieckssegel aus hochfestem Dacron, nicht mehr, wie zu Beginn der Regatten, aus edler Fallschirmseide. Die persönliche Ausrüstung blieb aus Gewichtsgründen auf dem Begleitschiff. Nur ein Minimum durfte jeder zum Rennen mitnehmen. Noch lag der Start in weiter Ferne, im wahrsten Sinn des Wortes. Wie seit vielen hundert Jahren begann die Wettfahrt in Sichtweite von „Sir Bu Naair", einer unwirtlichen Wüsteninsel, 54 sm vor der Küste der „Vereinigten Arabischen Emirate". Heute leben dort nur einige Soldaten, um das strategisch wichtige Seegebiet zu überwachen.

Nahezu jeden Teilnehmer schleppen heute große Frachtdhauen hinaus zu dem einsamen Eiland. Bis vor 50 Jahren jedoch trafen sich dort die Perlentaucher, die von ihren 5 Monate dauernden Tauchfahrten zurückkamen. Wahrscheinlich war die strategisch so günstig gelegene Insel damals noch grüner, bot den vielen hundert Tauchern und Seeleuten genug zum Leben. Bevor diese die Ausbeute vieler Tauchgänge im Indischen Ozean zum Verkauf anboten, brachten sie ihre Boote ebenso auf Hochglanz wie die Perlen. Erst nachdem dies erledigt war, begann der letzte Abschnitt der „Al Qaffal" genannten Heimreise. Dies ist der Ursprung der heutigen Wettfahrt.

Wie schnelle Rennjollen in Europa werden auch die Regattadhauen nur für die Rennen zu Wasser gelassen und ins Segelrevier geschleppt. Auf dem Bootsanhänger sieht man erst die ganze Eleganz der Rümpfe aus edlem thailändischen Teak und Mahagoni (oben).
Gestalten wie aus „Tausend und einer Nacht" bereiten am Abend vor dem Regattatag die Schiffe vor. Die überlangen Rahen der Lateinersegel aus kohlefaserverstärkten Kunststoffen kosten mehr als ein Kleinwagen (rechts).

Erst ein bis zwei Tage vor dem großen Ereignis richten die Mannschaften die beiden kurzen, nach vorne gerichteten Masten auf und verstagen sie mit wenigen Hanftauen. Nun erst können sie die aus drei Segmenten bestehende Großrah zusammenstecken und die Segel daran befestigen. Um ganz sicherzugehen, nutzen die meisten Skipper die angenehm kühle Abendbrise für eine letzte Trimm- und Trainingsfahrt. Tagsüber ist es dafür einfach zu heiß, 40° C sind Ende Mai keine Seltenheit. Selbst die hitzegewohnten arabischen Seeleute ziehen daher den heißen, aber unge-

mein durstlöschenden Pfefferminztee im Schatten der Sonnensegel an Deck vor. Erst gegen 4 Uhr nachmittags regt sich wieder Leben an Bord der Begleitschiffe. So urtümlich das Aussehen dieser hölzernen Frachtsegler, die z. T. zu luxuriösen Yachten umgebaut wurden, so modern die Technik an Bord. Selbstverständlich nutzen alle Funk, Wetterfax und das satellitengestützte Navigationssystem GPS.

Auch Seine königliche Hoheit, Sheikh Hamdam Bin Rashid Al Maktoum, der große Förderer dieses absoluten Höhepunktes der Wassersportsaison Dubais, steuerte mit seiner in Italien gebauten Motoryacht „Al Fahidi" noch rechtzeitig das Startgebiet an. Kein Wunder, dass an diesem Abend lange keine Ruhe einkehrte. Wobei Ruhe ein relativer Begriff war, verteilte doch das Versorgungsschiff bereits um 5 Uhr schon wieder Tagesrationen an alle Begleit- und Sicherungsboote.

Der Start um 6.30 Uhr war daher wie eine Erlösung, mit unglaublicher Geschwindigkeit stiegen die riesigen weißen Segel an den nach vorne geneigten Masten empor, während der Rest der Crew mit schweren Riemen das Wasser peitschte. Noch bevor die Segel anfangen zu ziehen, sollte schon Fahrt im Schiff sein. Da die Morgenbrise allen gleichmäßig zugute kam, richteten sich alle auf einen eher gemütlichen Törn ein, entsprechend hatte man die Wegepunkte in das elektronische Navigationsytem eingegeben. Doch nicht nur in Europa fluchen Seeleute auf die Wetterfrösche, nennen sie häufig sogar Meteorolügner. Kaum waren die meisten der 96 gestarteten Jalibuts aus dem Windschutz der Insel, fegte völ-

Die regattamäßige Vorbereitung der 60 ft langen Schiffe ist harte Arbeit, trotzdem verliert keiner den Humor und erklärt mit viel Geduld neugierigen Touristen die Geheimnisse arabischen Segelns (links oben).
Nicht nur die Rahen werden aus modernen Materialien gefertigt, auch die Segel bestehen aus leichtem, aber hochfestem Dacron. (links unten).
Deutlich erkennt man die beiden Teile, die zu der mehr als schiffslangen Rag zusammengesteckt werden. Wie sich im Sturm herausstellte, eine Schwachstelle der modernen Takelage (rechts).

lig überraschend die erste Bö mit 6 Windstärken über die graugrüne See. Je höher nun die Sonne stieg, umso stärker wurde auch der Wind, der sich nun langsam zum echten Sturm entwickelte.

Nun konnten die Jalibuts, so heißt dieser Typ der Dhauen, zeigen, was in ihnen steckte. Noch hatte der Wind kaum Wellen aufgeworfen, d. h. die Schiffe konnten volle Geschwindigkeit laufen. Das Boot des Regattaleiters, das eine gewaltige Bugwelle aufwerfend parallel zu den am Rennen teilnehmenden Schiffen lief, stoppte unglaubliche 19,8 kn. Doch nun begannen die Missgeschicke, von überall kamen die Notmeldungen. Gebrochene Rahen, gerissene Segel ließen das Feld immer mehr zusam-

menschmelzen, schließlich erreichte gerade noch ein Drittel der gestarteten 96 Schiffe das Ziel unmittelbar vor dem Yachtclub. Eine Jalibut sank sogar, nachdem sie den Zusammenstoß mit einem riesigen Gastanker nicht mehr vermeiden konnte. Glücklicherweise gab es trotz allem keine Verletzten.

Gerade 4 Stunden, 21 Minuten hatte der Sieger Mohamed Rashid bin Shaheen mit seiner drei Jahre alten „Al Zeer" für die 54 sm benötigt, absoluter Rekord! Seit Beginn der Regatten 1988 war kein anderer so schnell gewesen! Wie er später berichtete, lag seine Spitzengeschwindigkeit sogar bei 28 kn! Niemand konnte ihm den Gesamtsieg noch nehmen, den er durch seine Erfolge in vorhergehen-

227

Kurz nach Sonnenaufgang gibt der Regattaleiter das Startzeichen. Der orangerote Rauch ist das Zeichen für die weit verstreut liegenden Schiffe, ankerauf zu gehen. Alles ist erlaubt, um an die Spitze zu kommen, auch zu rudern.

Der Sandballast reicht bei den stark auffrischenden Winden nicht aus, um das Boot zu stabilisieren. Die ganze Crew muß ins Trapez (links).
Fast 100 der 30 m langen Dhauen kämpfen bei der Abschluss-Regatta um viel Geld und Ehre (oben).
Nur wenige Boote erreichten die Zieltonne nach 54 sm vor dem eleganten Yachtclub Mina Seyahi ohne Schäden (rechts).

den Regatten eindrucksvoll eingeleitet hatte. Umrahmt von einer malerischen Gruppe, die in ihren schneeweißen Dishdashas zu traditioneller Musik tanzte, überreichte wenig später ein Abgesadter des Sheikhs zusammen mit dem Regattadirektor die Ehrenpreise, goldene, silberne und kupferne Dhaumodelle. Zusätzlich erhielt der Sieger noch 300000 Dirhams, sowie ein Speedboot im Werte von 7000 Dirhams. Insgesamt wurden 3 Mio. Dirhams an Preisgeldern ausgeschüttet.

Die Höhe dieser Preisgelder zeigt, wie wichtig für die Regierung Dubais, d. h. die Herrscherfamilie, diese Regatten sind. Im Gegensatz zu anderen arabischen Regierungen will Dubai die neueste Technik zum Vorteil des Landes nutzen, ohne die Vergangenheit zu vergessen. Ein wesentlicher Teil dieser Kulturpolitik sind die Dhau-Regatten, die jedes Jahr zwischen

Als Trophäen erhalten die ersten drei der Regatta goldene, silberne und kupferne Modelle ihrer Schiffe (oben).
Scheich Hamdan bin Rashid al Maktoum, stellvertretender Ministerpräsident und Finanzminister der „Vereinigten Arabischen Emirate", ist Gründer und unermüdlicher Förderer des Wassersports. Er stattete das höchstdotierte Wassersportevent der VAE mit 3 Millionen Dirham an Preisgeldern aus. Zusätzlich erhält der Sieger noch Sachpreise (links).

September und Mai der „Dubai International Marine Club" im Auftrag des Herrscherhauses für 43ft- und 60ft-Dhauen ausrichtet.

Die Crew, mindestens 10, höchstens 16, segelt meist seit langem zusammen. Häufig stammen sie alle noch aus Familien, die seit der Zeit der Perlentaucher gemeinsam unterwegs waren. Sie sprachen ein heute fast nicht mehr verständliches Arabisch, das mehr als 400 heute nicht mehr gebräuchliche seemännische Ausdrücke enthielt. Seit der Einstellung der Perlentaucherei drohte sowohl die seemännische Erfahrung, als auch der historische Wortschatz verloren zu gehen. In letzter Minute gelang es, von einigen übrig gebliebenen Booten die Maße abzunehmen und das Wissen der alten Schiffbauer aufzuzeichnen. Darauf aufbauend entwickelte der DIMC in Zusammenarbeit mit dem Ministerium für Kultur ein Regelwerk zur Wiederbelebung dieser maritimen Tradition. So müssen die ca. 100000 $ teuren Boote aus Teak gebaut werden, 60 ft lang und 16 ft breit sein, bei einem Tiefgang von 6 ft. Solange die beiden Masten aus Holz gefertigt werden, können die Materialien für Rahen und Segel frei gewählt werden. Nachdem die großen Frachtdhauen heute alle nur noch unter Motor unterwegs ihre Ladung transportieren, sind die Repliken der Schiffe der Perlentaucher die letzten einer wahrscheinlich 2000-jährigen Schiffsbautradition.

Kein Schiffstyp, mit Ausnahme der chinesischen Dschunken, hat sich als so effektiv erwiesen wie der der Dhau. Obwohl der Begriff Dhau nicht so ganz eindeutig ist, fasst man doch heute eine Vielzahl von unterschiedlichsten Schiffstypen damit zusammen, von der schnellen Jalibut bis zur extrem viel Ladung schleppenden Lancha.

Siegerehrung auf typisch arabisch: Mit schneeweißen Dishdashas bekleidet – den traditionellen Gewändern der Golfregion – tanzt eine Gruppe Männer zu Ehren der Gewinner zu traditioneller Musik vor dem Dubai International Marine Club in Mina Seyahi (oben).

Ohne die traditionellen arabischen Segelschiffe würde der Handel zwischen dem Irak, Iran, Bangladesch und Indien zusammenbrechen. Ungeheure Mengen an Autoreifen, elektronische Geräte, Düngemittel – alles was irgendwie verschiffbar ist – wandert in die tiefen Laderäume der tausenden von Dhauen. Zu unschlagbar günstigen Preisen bringen sie ihre Fracht zuverlässig in ihren Bestimmungshafen (rechts).

Die Herkunft des Wortes liegt im Dunkeln. Erstmals gebraucht ihn im 15. Jahrhundert der russische Handelsreisende Athanasius Nikitin in seinen Aufzeichnungen. Im übrigen Europa wird er durch britische Zeitungsberichte bekannt. Britische Redakteure berichten 1882 von bewaffneten Handelsschiffen von 150 t bis 300 t Ladefähigkeit als „Dhow".

Auch holländische Kapitäne erwähnen um 1700 Dhauen in ihren Berichten, und meinen damit Schiffe, die aus dem Persischen Golf und von der arabischen Halbinsel kamen, um von dort in Übereinstimmung mit dem Monsun die indische Malabarküste anzusteuern. Wo immer der Ursprung lag, ob im Mittelmeer oder im Persischen Golf, ohne die Schiffe mit meist drei stark nach vorne geneigten Masten, den stark nach vorne ausfallenden Steven und das ursprünglich spitz zulaufende Heck wäre die Weltgeschichte anders verlaufen. Lange vor dem portugiesischen Seefahrer Bartolomeo Diaz betrieben arabische Händler regen Handel quer über den Indischen Ozean, flößten mit ihren dreieckigen „Lateinersegeln" den christlichen Seefahrern vor allem im Mittelmeer Angst und Schrecken ein. Bis in die Neuzeit war das von wenigen Leuten einfach zu bedienende Dreieckssegel den großen rechteckigen Rahsegeln abendländischer Koggen und Karavellen weit überlegen.

Yacht, Schoner, Bark ...
Segelschiffe im Überblick

Stagsegelschoner
Stagsegel zwischen
den Masten

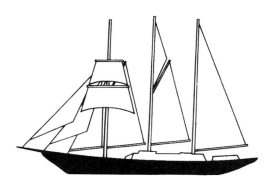

Toppsegelschoner
Rahsegel und Gaffelsegel
am vorderen Mast

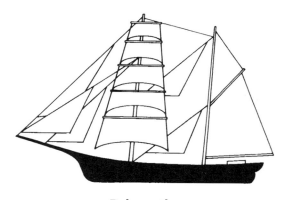

Brigantine
Rahsegel am vorderen Mast
Gaffelsegel am hinteren Mast

Brigg
Segler mit zwei Masten
Rahsegel an beiden Masten

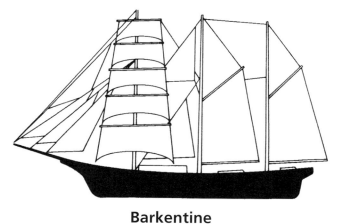

Barkentine
Rahsegel am vorderen Mast
an den folgenden Masten Gaffelsegel

Bark
Segler mit mindestens drei Masten
Gaffelsegel am hinteren Mast

Vollschiff
Segler mit mindestens drei Masten
Rahsegel an allen Masten

Segelriss einer Bark

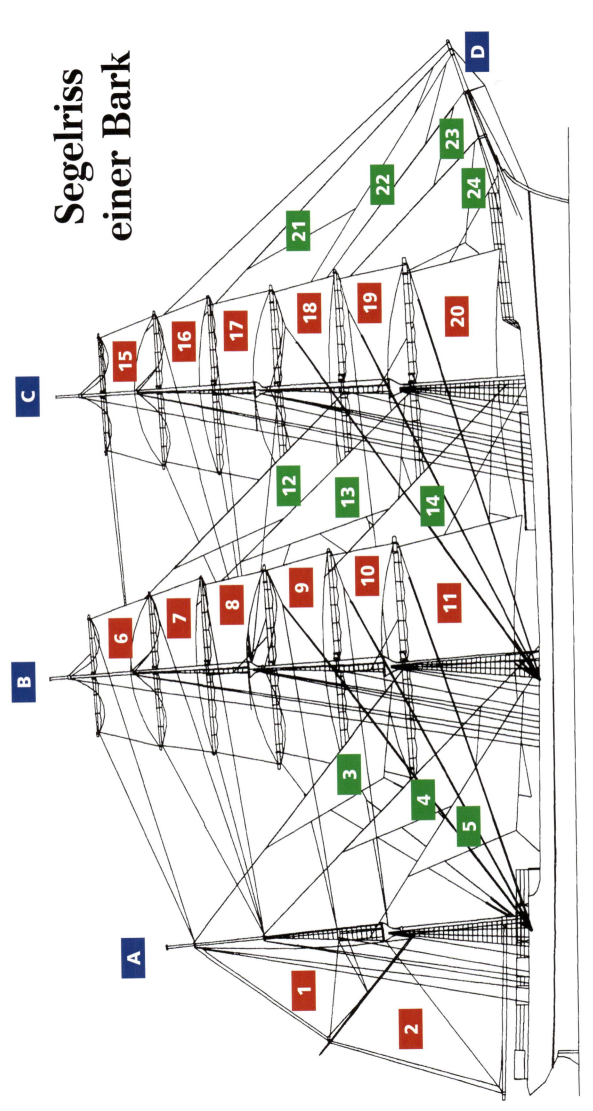

■ **Besanmast (A)**

1. Besantoppsegel
2. Besansegel

3. Besanbramstagsegel
4. Besanstengestagsegel
5. Besanstagsegel

■ **Großmast (B)**

6. Großroyalsegel
7. Großoberbramsegel
8. Großunterbramsegel
9. Großobermarssegel
10. Großuntermarssegel
11. Großsegel

12. Großroyalstagsegel
13. Großbramstagsegel
14. Großstengestagsegel

■ **Fockmast (C)**

15. Vorroyalsegel
16. Voroberbramsegel
17. Vorunterbramsegel
18. Vorobermarssegel
19. Voruntermarssegel
20. Focksegel

■ **Klüverbaum (D)**

21. Flieger
22. Außenklüver
23. Innenklüver
24. Vorstengestagsegel

235

Heuerbaas –
kleines Lexikon der Seemannssprache

Abmessungen
Länge, Breite eines Schiffes

achtern/achterlich
Hinten, von hinten kommend

Anderthalbmaster
Zweimastiges Segelschiff, bei dem der kleinere Mast hinten steht

Ankerspill
Teil der Ankerwinde auf dem Vordeck bzw. unter der Back, die durch den senkrecht stehenden „Spillkopf" angetrieben wird, früher durch Menschenkraft; man steckte sog. Spillspaken (sehr feste kurze Spieren) in die Löcher des Spillkopfes und drehte diesen mit der ganzen Mannschaft

anluven
Kursänderung nach Luv, also gegen den Wind

aufgeien
Segel mit den Geitauen an die Rah ziehen

aufliegen
Vorübergehendes, beschäftigungsloses Liegen eines Schiffes in einem Hafen oder vor Anker

Back
Vorderer Aufbau des Schiffes, über die gesamte Breite des Decks reichend

Backbord
In Fahrtrichtung gesehen die linke Seite des Schiffes (rote Positionslampe)

Ballast
Eisen, Sand, Steine, Wasser im Rumpf des Schiffes, um das Kentern zu verhindern

Bark
Drei- und mehrmastiges Segelschiff, das an allen Masten, ausgenommen dem letzten, Rahen trägt

Barkentine
Segelschiff mit mindestens drei Masten, von denen der vordere nur Rahen trägt, die anderen Schonersegel

Besanmast
Letzter Mast eines drei- oder mehrmastigen Segelschiffs

Bilge
Die tiefste Stelle im Rumpf, an der sich Schwitzwasser und Leckwasser sammeln

Brassen
Leinen an beiden Enden der Rahen, mit denen diese horizontal am Mast bewegt werden können

Brigg
Ein zweimastiges Segelschiff mit Rahen an beiden Masten

Bug
Vorderster Teil des Schiffes

Brigantine
Zweimastiges Segelschiff, das am ersten Mast (Fockmast) nur Rahsegel führt, am zweiten (Besanmast) ein Schonersegel

Bugspriet
Eine über den Bug hinausreichende Spiere, an der die Vorstagen befestigt sind, an denen die Vorsegel gesetzt werden

Davit
Halterung für Beiboote oder Rettungsboote, mit denen diese bei Bedarf ausgeschwenkt werden können

Deadweight
Ausgedrückt in Tonnen, Maß für die Tragfähigkeit eines Schiffes, inkl. aller Vorräte, Treibstoff, Wasser, Ausrüstung etc.

Deplacement
Ausgedrückt in Tonnen, Masse des Wassers, die das Schiff nach dem archimedischen Prinzip verdrängt

Dhau
Arabische Segelschiffe mit einem oder zwei Masten, an denen jeweils ein Lateiner (arabisches) Segel befestigt ist; ein sehr alter und seetüchtiger Schiffstyp

Dory
Kleines Ruderboot mit Hilfsbesegelung für ein bis zwei Fischer, mit dem vor Neufundland (Grand Banks) meist mit Angelleinen Kabeljau gefangen wurde

Etmal
Die Zeit zwischen 12 Uhr mittags und 12 Uhr mittags des nächsten Tages

Fall
Leine zum Setzen von Segeln

Fockmast
Vorderster Mast auf allen mehrmastigen Segelschiffen (Ausnahme: Anderthalbmaster)

Fuß
Heute immer noch übliches Maß für Abmessungen eines Schiffes (1 engl. Fuß = 30,48 cm)

Fußpferd
Unter der Rah verlaufendes dünnes Drahtseil, auf dem die Seeleute stehen

Gaffel
Oberes Rundholz (Spiere) eines Gaffelsegels, mit dem dieses gesetzt wird. Das mastseitige Ende umgreift gabelartig den Mast

Galeasse
Als Anderthalbmaster getakelter Frachtsegler aus Skandinavien

Geitau
Leine zum Hochziehen der äußeren Ecken eines Rahsegels an die Rah

Gording
Leinen zum Aufholen und Zusammenziehen von Rahsegeln. Geitaue und Gordinge wirken zusammen. Ein Rahsegel wird zunächst mit den Geitauen aufgegeit, bis sie bauchig unter der Rah hängen

Großmast
Zweiter Mast bei allen mehrmastigen Segelschiffen (Ausnahme: Anderthalbmaster)

Heck
Hinterer Teil des Schiffes

Heißen
Aufziehen (setzen) eines Segels oder Flagge

Heuerbaas
Vermittler von Arbeitsplätzen auf Schiffen

Klipper
Sehr schlanker Schnellsegler, der seit dem späten 18. Jahrhundert an der amerikanischen Ostküste entwickelt wurde

Kalfatern
Einschlagen von geteertem Werg zum Abdichten von Fugen

Knoten
Maß für die Geschwindigkeit eines Schiffes, 1 kn = 1 sm/h = 1,852 km/h

Klüverbaum
Weit über das Vorschiff hinausragende Spiere, an der die Vorsegel gefahren werden. Bei Segelschiffen des 19. Jahrhunderts konnte der K. 16 Meter lang sein

Kompositbau
Schiffsbauweise ursprünglich beim Übergang vom Holz zum Eisenschiffsbau; an Eisen- oder Stahlspanten werden hölzerne Planken befestigt

Kreuzmast
Letzter mit Rahen getakelte Mast auf einem drei- oder mehrmastigen Segelschiff

Landfall
Sichten und Erkennen einer Küste von See aus. Die eindeutige Identifizierung der eigenen Position wird durch deutlich sichtbare Landmarken erleichtert

Lateinersegel
Großes dreieckiges Segel, das allein an einer Rute (biegsame Rah) gefahren wird, heute noch typisch für Dhauen

Laufendes Gut
Tauwerk auf einem Segelschiff, das zum Bedienen der Segel benutzt wird. Es hat seinen Namen, weil es durch Blöcke, Scheiben oder Rollen läuft

Lee
Dem Wind abgewandte Seite

Logis
Mannschaftsunterkunft

Luv
Dem Wind zugewandte Seite

Maat
In der Marine wurde als Maat jemand bezeichnet, der Gehilfe einer Fachkraft war. Der Erste Maat (auf englischsprachigen Schiffen first mate oder master's mate) und der Zweite Maat waren die Gehilfen des Kapitäns. Heute sagt man dazu Erster und Zweiter Offizier. Es gab aber auch Bootsmanns-, Zimmermanns- und Kochsmaate

Messe
Aufenthalts- und Speiseraum auf Schiffen

Pardunen
Sehr kräftige Taue, die seitlich den Mast an der Bordwand nach schräg hinten fixieren

Niedergang
Treppe zwischen zwei Decks

Rack
Beweglicher Beschlag am Mast, der die Rah hält

Rah
Am Mast, quer zum Schiff befestigtes Rundholz, an dem die Rahsegel befestigt sind

Rahsegel
Rechteckiges Segel, das an einer Rah genannten Spiere (Rundholz) gefahren wird. Eine Rah ist mit einem Rack genannten Beschlag horizontal am Mast befestigt, früher Holz, später Stahl, auf modernen Windjammern aus Aluminium

Reff
Teil des Segels, das bei zuviel Wind direkt an der Rah festgebunden werden kann, um die Segelfläche zu verkleinern

Rigg
Gesamte Takelage eines Segelschiffes

Salon
Eigentlich nur Wohnraum des Kapitäns

Schanzkleid
Plankengang in Verlängerung der Außenhaut nach oben rings um das Oberdeck. Damit sollen die Menschen an Bord geschützt und das Überkommen von Wasser verhindert werden

Schoner
Mit Schonersegeln getakeltes Segelschiff mit mindestens zwei Masten

Schonersegel
Im Gegensatz zum Rahsegel nicht an einer Rah, sondern direkt am Mast angeschlagenes Segel. Mit Schonersegeln kann man höher anluven

Schot
Leine zum Bedienen von Segeln

Schott
Wand im Inneren, die das Schiff in wasserdichte Abteilungen trennt

Seeschlag
Auf das Schiff schlagende schwere Seen, die erhebliche Schäden anrichten können

Seemeile
Nautisches Maß für Entfernungen, 1 sm = 1852 m = 60ster Teil eines Meridiangrads

Shanty
Arbeitslied, das nach dem von einem Vorsänger (Shantyman) vorgegebenen Rhythmus zur Arbeit gesungen wurde, um diese zu beschleunigen, bzw. den Bewegungsablauf der Mannschaft zu harmonisieren

Spant
Rahmen bzw. Gerippe des Schiffes, an dem die Bordwand befestigt wird

Spiere
Bezeichnung für Rundhölzer auf einem Schiff, mit Ausnahme der Masten

Stehendes Gut
Tauwerk, das zur Befestigung der Masten, Ladebäume und anderer Spieren gehört. Es bleibt bei Segelmanövern stehen. Das stehende Gut ist verantwortlich für die Stabilität der gesamten Takelage

Stenge
Verlängerung des Untermastes. Da es keine Bäume gibt, um einen großen Mast aus einem Stück zu bauen, besteht dieser aus dem sehr kräftigen Untermast sowie dünneren Stengen darüber

Steuerbord
In Fahrtrichtung gesehen, die rechte Seite des Schiffes (grüne Positionslampe)

Stückpforten
Verschließbare Öffnungen in der Bordwand, durch die man Kanonenrohre in einem Gefecht ausfahren kann

Süll
senkrechte, bis zu 30 Zentimeter hohe Planke um ein Luk, die Wasser ableitet, damit es nicht in das Luk strömt

Takelage
Zusammenfassende Bezeichnung für Masten, Rahen, stehendes Gut, laufendes Gut, also alle Teile, die zum Segeln eines Schiffes notwendig sind

Topp
Oberes Ende des Mastes

Toppsegel
Bei Schonern mit Rahsegeln die Rahsegel; bei Gaffelschonern die Segel, die über den Gaffelsegeln, zwischen Mast und Gaffel gesetzt werden

Toppsegelschoner
Schoner, der am vordersten, manchmal auch noch am zweiten Mast mindestens ein Rahsegel setzen kann

Tidenhub
Mittlerer Höhenunterschied zwischen Hochwasser und dem vorausgehenden sowie nachfolgenden Niedrigwasser

Vermessung
Berechnung der Schiffsgröße (Ladefähigkeit, umbauter Raum, Wasserverdrängung) anhand spezieller Formeln, die untereinander oft nur schwer vergleichbar sind, z. B. BRT, GRT, ts Deadwight, ts Deplacement usw.

vollgetakelt
Am Mast befinden sich nur Rahsegel

Vollschiff
Segelschiff mit mindestens drei Masten; an allen Masten befinden sich Rahen

Vorstag
Leine, die den Mast nach vorn hält

Wanten
Sehr starke Taue, die den Mast seitlich fixieren

Zoll
Längenmaß, meist engl. Zoll, 1 Zoll = 25,41 mm

Schiff ahoi!
Adressen zum Mitsegeln

Diese Organisationen sind vor allem bemüht, **Jugendliche zu fördern**. Die STAG hilft ihnen mit Zuschüssen, um Törns, vor allem aber die Teilnahme an den „Cutty Sark Tall Ships' Races", zu ermöglichen. Auf den meisten Fahrten sind Einzelbucher zwischen 16 und ca. 76 Jahren willkommen, ausgenommen die in den Programmen extra ausgewiesenen Reisen für bestimmte Gruppen (z.B. Vereine, nur Jugendliche, nur Frauen).

S.T.A.G.
(Sail Training Association Germany)
Hafenhaus
Columbusbahnhof
27568 Bremerhaven
Deutschland
T: 0471 / 94 5 88 - 0
F: 0471 / 94 5 88 - 45
W: www.sta-g.de
E: stag@sta-g.de

Grundlegende Informationen über alle Sail-Training-Schiffe, vor allem über kleinere Traditionssegler und Yachten, speziell für Jugendliche

Clipper–Deutsches Jugendwerk zur See e.V.
Jürgensallee 54
22609 Hamburg
Deutschland
T: 040 / 822 78 103
F: 040 / 822 78 104
W: www.Clipper-DJS.org
E: clipper-buero@clipper-djs.org

Das Jugendwerk unterhält die vier Schoner „Albatros", „Amphitrite", „Johann Smidt" und „Seute Deern"

Traditionssegler Fridtjof Nansen e.V.
Brandstücken 35
22549 Hamburg
Deutschland
T: 040 / 401 66 180
F: 040 / 401 66 181
W: www.FNansen.de
E: office@FNansen.de

Die „Fridtjof Nansen" unternimmt Projektreisen bis in die Karibik

LebenLernen auf Segelschiffen e.V.
Jungfernstieg 104
24340 Eckernförde
Deutschland
T: 043 51 / 72 60 74
F: 043 51 / 72 60 75
W: www.sailtraining.de
E: office@sailtraining.de

Die Brigg „Roald Amundsen" bauten Jugendliche für Jugendliche

Navigator Sail Training e.V.
Alte Hafenstr. 26
28757 Bremen
Deutschland
T: 0421 / 65 63 19
F: 0421 / 65 64 78
W: www.navigator-sail.de
E: ahoi@navigator-sail.de

Der gemeinnützige Verein baut seine Schiffe selbst. Folgende Schiffe gehören u. a. zu seiner Flotte: „Vegewind", „Roter Sand", „Ubena von Bremen" und die „Wyvern von Bremen"

Segelschiff Thor Heyerdahl e.V.
Kaistr. 33
24103 Kiel
Deutschland
T: 0431 / 67 77 57
F: 0431 / 67 83 67
W: www.thor-heyerdahl.de
E: Mail@thor-heyerdahl.de

Die „Thor Heyerdahl" ist berühmt für ihre erlebnispädagogischen Reisen bis nach Südamerika

Tall Ships Youth Trust
(ehem. Sail Training Association)
The S.T.A. Schoners
2a The Hard
Portsmouth, PO 1 3PT
Großbritannien
T: +44 / (0)23 / 92 83 20 55
F: +44 / (0)23 / 92 81 57 69
W: www.tallships.org
E: tallships@sta.org.uk

Unterhält zwei Briggs für Trainee-Programme: „Prince William" und „Stavros Niarchos"

BBV-Sailing
Teerhof 46
28199 Bremen
Deutschland
T: 0421 / 50 50 37
F: 0421 / 59 14 00
W: www.bbv-sailing.de
E: info@bbv-sailing.de

Die „Esprit" eignet sich optimal für die Ausbildung Jugendlicher

TOPSEGEL, Freundeskreis Norddeutscher Traditionssegler
Kastanienallee 20
24159 Kiel
Deutschland
T: 0431 / 36 25 02
F: 0431 / 36 31 18
W: www.topsegel.de
E: buero@topsegel.de

Unter diesem Namen haben sich die Eigner kleinerer Segelschiffe zusammengeschlossen, um gemeinsam Jugendliche anzusprechen und Gäste für ihre Schiffe zu finden

Zielgruppe dieser **Reedereien und Agenturen** sind Segler und Kreuzfahrt-Touristen, die das stimmungsvolle Ambiente eines Segelschiffs schätzen. Die akuellen Törnpläne finden sich meist mit Jahresanfang im Internet, können natürlich auch in den Büros erfragt werden. Viele Anbieter ermöglichen auch die Buchung über das Internet. Nahezu alle Schiffe führen als Internetadresse ihren Namen, ergänzt mit „.com", „.org" oder dem entsprechenden Länderkürzel. Häufig ergeben sich durch kurzfristige Charterverträge Mitsegelgelegenheiten in letzter Minute.

Peter Deilmann Reederei
Am Holm 25
23730 Neustadt/Holstein
Deutschland
T: 045 61 / 396 - 0
F: 045 61 / 82 07
W: www.deilmann-kreuzfahrten.de
E: info@deilmann.de

Die „Lili Marleen" ist der einzige weltweit operierende Passagiersegler unter deutscher Flagge

Windstar Cruises
300 Elliott Avenue West
Seattle, WA 98119
USA
T: +1 / (0)206 / 281 - 35 35
F: +1 / (0)206 / 286 - 32 29
W: www.windstarcruises.com
E: info@windstarcruises.com

Windstar Cruises bieten ihren Gästen Entertainment und Animation rund um die Uhr

Inmaris Perestroika Sailing
Teilfeld 8
20459 Hamburg
Deutschland
T: 040 / 37 27 97
F: 040 / 37 17 36
W: www.inmaris.de
E: info@inmaris.de

Arbeitet vorwiegend mit Segelschulschiff „Khersones", vermittelt auf Anfrage Mitsegelmöglichkeiten auf anderen Segelschiffen

TSC B.V.
(Traditional Sailing Charter)
Brückenstr. 27
59065 Hamm
Deutschland
T: 02381 / 16 33 88
F: 02381 / 16 32 31
W: www.t-s-c.de
E: info@t-s-c.de

Deutsch-niederländisches Unternehmen mit einer Vielzahl von Schonern, niederländischen Klippern und anderen traditionellen Segelschiffen

Tall-Ship Friends
Deutschland e.V.
Warnowufer 65
18057 Rostock
Deutschland
T: 0381 / 20 37 740
F: 0381 / 37 77 466
W: www.tallship-friends.de
E: tallship1@aol.com

Vermittlung von Plätzen auf vielen Segel- und Segelschulschiffen, wie „Kruzenshtern", „Sørlandet", „Statsraad Lehmkuhl", „Sedov", „Christian Radich" und „Europa"

Frisian Sailing Company
Emmakade 3
NL-8531 AD Lemmer
Niederlande
T: +31 / (0) 514 / 56 6 000
F: +31 / (0) 514 / 56 53 23
W: www.@frisian-sailing.com
E: info@frisian-sailing.com

Vermittelt vor allem die großen Traditionssegler wie „Artemis" und „Mare Frisium" für Gruppen- und Incentive-Reisen

de Zeilvaart
(Zeilvaart Enkhuizen)
Stationsplein 3
NL-1601 EN Enkhuizen
Niederlande
T: +31 / (0)228 / 31 24 24
F: +31 / (0)228 / 31 37 37
W: www.zeilvaart.com
E: info@zeilvaart.com

Größter Vermittler von Mitsegelgelegenheiten / Kojen auf traditionellen Segelschiffen in Europa

Star Clippers Kreuzfahrten
Konrad-Adenauer-Str. 4
30853 Hannover
Deutschland
T: 0511 / 72 66 59 - 0
F: 0511 / 72 66 59 - 20
W: www.star-clippers.de
E: helmut.kutzner@star-clippers.de

„Royal Clipper", „Star Flyer" und „Star Clipper" bilden die größte Flotte luxuriöser Windjammer

„Sea Cloud", Sea Cloud Cruises

Fotos: Herbert H. Böhm

Weitere Fotos mit freundlicher Genehmigung von:

Eigel Wiese	108, 109, 111, 168-179
Manfred Schulz	84/85, 87, 97, 100, 101, 102/103, 106
Bernd Schmiel	136/137
Sea Cloud Cruises	193, 198, 199
Rederei Deilmann	196
www.indiga.de	205
Navcon	235